游客满意度、行为意向与古镇民宿旅游产品创新

——基于成都的实证研究

杨丽娟　著

科学出版社

北　京

内 容 简 介

本书通过对新型城镇化进程中成都市平乐古镇的新业态——民宿旅游发展的问题进行梳理，从游客满意度、行为意向出发，对民宿旅游进行测量，运用CITESPACE、SPSS、PLS等软件探析游客满意度、行为意向的影响指标和互动规律，加入游客人口学特征和旅游偏好，提出具有差异性和针对性的民宿旅游发展的创新策略和保障系统，更好地发挥古镇民宿在旅游扶贫、新型城镇化建设中的助推作用。

本书适合于旅游管理专业的高校学生研读，对民宿旅游的经营者和管理者也有一定的参考价值。

图书在版编目（CIP）数据

游客满意度、行为意向与古镇民宿旅游产品创新 / 杨丽娟著. —北京：科学出版社，2016.10
ISBN 978-7-03-050116-5

Ⅰ.①游… Ⅱ.①杨… Ⅲ.①乡镇－旅馆－服务业－经济发展－研究－邛崃 Ⅳ.①F719.2

中国版本图书馆 CIP 数据核字（2016）第 233625 号

责任编辑：杨 岭 郑述方/责任校对：韩雨舟
责任印制：罗 科/封面设计：墨创文化

科学出版社 出版

北京东黄城根北街 16 号
邮政编码：100717
http://www.sciencep.com

成都锦瑞印刷有限责任公司印刷

科学出版社发行 各地新华书店经销

*

2016 年 10 月第 一 版 开本：B5（720×1000）
2017 年 7 月第二次印刷 印张：9.5
字数：200 000

定价：**68.00 元**

（如有印装质量问题，我社负责调换）

前　言

古镇是乡村旅游中旅游者休闲、度假的优选地，民宿是古镇中的旅游住宿设施，它具备的就业当地化、成员年轻化、收入直接化、体验本土化、交流深入化的特点成为新型城镇化进程中的旅游助推器。但现有民宿处于起步阶段，民宿旅游发展中产品的单一化、同质化、表层化，管理的粗放化、盲目化等问题在体验经济时代往往限制、降低、干扰游客体验，引发游客不满。而游客满意度又是民宿持续发展的标尺，本书以平乐古镇为研究案例，以游客满意度、行为意向和创新理论为基础，探析游客满意度、行为意向与民宿旅游产品创新的互动关系、影响因素、管理对策与保障系统。通过实地问卷调查、访谈、网络在线评价，运用 CITESPACE、SPSS、PLS 等软件发现：一是游客满意度中的硬件设施、软件服务、价格、文化交往满意度都对行为意向有正相关影响；二是满意度体系内部也有相互影响；三是游客人口学特征中的年龄、职业对满意度有显著影响，游客旅游偏好的选择首要条件、停留时间、出游方式、出游消费对满意度或行为意向有显著影响。基于此提出关注到影响要素和游客差异的民宿旅游产品创新体系：产品创新、组织创新、技术创新、供应链创新、市场创新。为更加有效促进民宿的旅游发展创新，提出明确的保障系统：规划引领，标准规范，实施信息化管理平台，进行动态监督，加强人员队伍建设，积极引导金融支持，加快基础设施建设。

本书在选题、框架结构、数据分析方面得到了赖斌博士的耐心指导，在调查、出版等方面得到了成都信息工程大学中青年学术带头人科研基金（J201521）、中国博士后科学基金面上项目（2014M562313）、成都职业技术学院博士后创新实践基地、四川省旅游局旅游业青年专家培养计划（SC-TYETP2014L09、SCTYETP2015L08、SCTYETP2016L06）的经费资助。

目　　录

第 1 章 绪 论

1.1 研究背景与问题提出

1.1.1 研究背景

随着中国经济发展和居民收入增长，消费结构转型升级加快，乡村旅游出现了迅猛增加的态势。据统计，2014 年全国共有乡村旅游经营户超过 200 万家，乡村旅游特色村 10 万个，接待游客 12 亿人次，约占全国旅游接待总人数的三分之一。旅游业带来的增产增收效益在乡村旅游中日益明显，2014 年四川省乡村旅游实现总收入 1340 亿元（占全省总收入的 27.4％），同比增长 28.2％；四川省 5 万多个行政村中发展乡村旅游的超过 3500 个，带动 1000 余万农民直接和间接受益。全省农民旅游人均纯收入 704.5 元，比上年人均增长 82.6 元，增速 13.3％，比全省农民人均纯收入增速高 0.5 个百分比[①]，这使得乡村村民的经济收入有了很大提升。

古镇历来是旅游者休闲、度假、访古的优选地，已成为乡村旅游中的重要资源类型。而在《国家新型城镇化规划（2014—2020 年）》中提出到 2020 年我国城镇化发展的总体目标，即"要努力走出一条以人为本、四化同步、优化布局、生态文明、文化传承的中国特色新型城镇化道路。"规划强调重点小城镇建设要把文化旅游、商贸物流业等作为重要的发展方向。以环城旅游、休闲、度假为基础的特色小镇，以自己独特的资源优势、文化传统、地理位置和淳朴民风而培育起来的旅游吸引，不仅能舒缓城市生活的压力，还能在新型城镇化的乡村建设中以旅游产业形成特色，为实现产城互动、节约集约、生态宜居、和谐发展的新型乡村社区做好准备。

1.1.2 问题提出

古镇旅游在拉动经济、带动就业、改善环境方面优势明显，但在蓬勃发展中也有一个突出问题：究竟是企进民退，还是能真的惠及民生？特别是如何在新型城镇化建设中，提升农民的参与权与发展权，十八届三中全会公报明确指

---

① 冯颖. 旅游扶贫：让乡村花更艳景更美[N].四川日报，2015-07-16.

出"要加快构建新型农业经营体系,赋予农民更多财产权利。让广大农民平等参与现代化进程、共同分享现代化成果。"那么在古镇旅游中能否找到一种产品形式可以让更多的农民直接获利?

从 1999 年国务院调整的长假制度出台后,虽然各假期几经调整,但是外出旅游已经成为大众日常生活的重要环节,由于带薪假期久未落地,假期的集中性出游造成旅游目的地住宿难的现象仍将持续,古镇旅游中能否找到一种途径可以不需要修建新的旅游接待设施而解决旅游旺季出现的住宿难?

在体验经济的浪潮中,旅游的传统观光产品已经开始向休闲度假产品转型,加之社会发展、经济提升、技术推动,旅游者个性化需求越来越强烈,古镇旅游中能否有一种产品可以提供旅游者个性化选择?

近年来,山东、福建、浙江、江苏、湖南、湖北、云南、海南、广西等地开始创建古镇旅游的一种新业态——民宿。易观智库 2014 年第 2 季度分析了国内线上民宿预订的情况:"(2 季度)在线预订规模达到 1.3 亿元,环比增长 58.5%,同比增长 333.3%"。这种兴起的民宿旅游,是由当地百姓通过政府或开发商组织形成统一接待的家庭旅馆联合体,属于旅游场域的农民合作社。它的特点是:就业当地化、成员年轻化、收入直接化、体验本土化、交流深入化。年轻人的本土就业既避免了民族旅游的空心化、空城化问题,又可以解决留守儿童、空巢老人等相关社会问题;同时通过家户入社的方式让旅游收入更直接地惠及民生;使用当地百姓房屋资源接待,既可解决旺季住宿资源不足的问题,又可避免旅游住宿设施的乱修乱建;游客直接入住民宿,强化了自己与地方文化的交流与沟通,丰富了自身的旅游体验,让旅游实现从"走马观花"到"深度接触"的转变。民宿旅游对新型城镇化建设进程中的村民的参与权与发展权的提升有重要的现实意义。而在现有的游客决定是否选择民宿中,52.1%的游客看重房间卫生和设施,46.5%的游客在意性价比高,39.6%的游客喜欢民宿有特色。没有选择民宿的旅游者,有 60.2%是由于不了解民宿。[①] "游客满意度对成功营销非常重要,因为它直接影响游客对目的地、产品和服务消费的选择以及重游的决定。"[②] 因此要想提升民宿质量,深入挖掘现有消费者对民宿的满意度指标以及创造新的产品吸引新的消费者,将是民宿可持续

① 易观智库:中国在线客栈民宿预订市场专题研究报告[EB/OL].百度文库,2014.
② Kozak M, Rimmington M. Tourist satisfaction with Mallorca, Spain, as an off-season holiday destination[J]. Journal of Travel Research,2000,38(3):260-269.

发展的重要推手。

西部城镇地区是国家新型城镇化建设的难点区域,民宿旅游是以特色产业推动新型城镇化的加速器,游客满意度与游后行为意向则决定着民宿旅游开发的方向与成果检验。因此,本书将探讨游客满意度、行为意向与古镇民宿旅游产品创新的问题和对策。

1.1.3 研究目的

(1)民宿旅游的游客满意度是检验民宿成败的先导标杆,游客行为意向与游客满意度紧密相关,更是其后续效应的延伸。作为民宿的需求方、体验者与购买者,游客满意度和行为意向将会直接影响民宿的经济收入、发展方向等可持续发展指标,因此研究游客满意度与行为意向的影响因素是民宿研究的重要环节,如区位环境、文化交往、硬件设施、软件服务、价格、总体评价、再宿意愿、推荐意愿等。

(2)体验经济时代的来临造就游客的个性化需求明显。从不同人口学特征:性别、年龄、学历、职业、月收入、家庭结构、来源区域来探求对满意度和行为意向的影响;从不同游客偏好特征:选择动机、预订渠道、首要条件、居住时间、出游方式、旅游消费、出游动机、交通工具、旅游投诉等来探求对满意度和行为意向的影响。并关联人口学特征和旅游偏好,分析二者的内在互动规律。

(3)民宿旅游的本质不应只是旺季的补充接待住宿设施,它更是一种旅游吸引物。增加地方文化特色活动,深化游客体验,可以提升游客满意度和积极行为意向的引导。深化旅游体验,从单一的建筑物转变为常态旅游吸引物,促使民宿旅游提档升级。

1.1.4 研究意义

乡村民宿旅游属于农村民营经济的创新发展,以产品创新的管理视角解决游客满意度,其价值与意义有如下几个方面。

(1)在新型城镇化背景下,乡村民宿旅游开发兼备"城乡统筹""产乡互动""节约集约"等特征。并由旺季的补充接待设施变为常态旅游吸引物,在此转变中的经济带动(公平分配)、文化辐射(文化传播更顺畅)、品质生活(就业当地化、人际关爱)和社会和谐(避免留守儿童、空巢老人)等方面的城镇化建设有实质推动作用,更是对十八届三中全会精神的践行。

(2)从游客满意度来直面民宿旅游问题,具有直接性和针对性。游客是民宿的体验者和购买者，对民宿问题拥有最终的评价权，直接影响其经济收入。从产品创新的维度来提升游客满意度，能针对性地解决问题，促进村民积极性，对村民主体意识培养、邻里合作等都能起到整体协调发展的作用。

(3)民宿旅游具有的生产性就业方式，是旅游业结构性调整的新业态。乡村地区的民宿旅游研究因其复杂性、关联性更可成为新业态检验的高标尺。其运行中的规律对政策制定提供理论、实证与经验支持，可供其他区域的民宿旅游借鉴。

1.2 研究内容和方法

1.2.1 研究内容

(1)绪论。研究现状与价值。国内外相关研究现状与分析：民宿、游客满意度、行为意向的现有研究特点与不足；本书的研究目的、价值和意义。

(2)研究理论与平乐民宿旅游发展现状。理论基础：游客满意理论、行为意向理论、创新理论。平乐民宿旅游现状：民宿数量、位置、经济收入、产品类型、人力资源分配等。

(3)平乐民宿游客满意度与行为意向的实证研究。研究变量、概念模型、研究假设、问卷设计、游客满意度、人口学特征、旅游偏好、区位环境、文化交往、硬件设施、软件服务、价格、再宿意愿等各因素对满意度和行为意向的问卷调查及定量化影响分析。同时对游客与民宿主人进行访谈，并辅以网络评价等多种资料分析，分析软件有 SPSS、PLS。

(4)平乐民宿旅游产品创新对策。首先以熊彼特的创新理论为基础提出产品创新、技术创新、市场创新、供应链创新、组织创新五大策略。再参考台湾经验，提出产品创新的保障系统：可持续发展规划、设立民宿标准、加强人员队伍建设、金融支持、加快基础设施建设。

(5)结论。本研究的结论、创新点、局限与展望。

位于成都西部邛崃县的平乐镇于 2014 年 8 月被住建部、国家发改委等七部委下发《住房城乡建设部等部门关于公布全国重点镇名单的通知》选为城镇化建设全国重点镇。平乐镇不仅具有一定的产业发展基础，而且已经形成比较有特色和有成效的旅游产业发展模式，并在游客心中已经成为"休闲古镇"的代名词，同时在基础设施、公共服务等方面也具有一定规模，其引领作用也十分明显。作为小城镇发展的中坚力量和龙头，重点镇扮演着示范角色。因此本书将以"城镇化建设全国重点镇、民宿密度高、知名度高"三者合一的平乐镇为例，研究游客满意度、行为意向与民宿旅游产品创新问题。

1.2.2 研究方法

（1）文献法：其一是找到目前民宿旅游中游客满意度、行为意向研究的不足与本书价值，其二是相关研究理论、政策、发展情况的梳理。

（2）田野考察法：其一：实地田野考察。设置游客的问卷与访问，从游客的视野来看满意度问题产生的原因时，同时关注民宿主人、政府等，分析其由于立场定位导致的价值诉求差异。从综合视野找到行之有效的民宿旅游产品创新发展策略。田野点的选择在已经开展民宿旅游的邛崃平乐镇。其二：网络田野考察。对实地调查点等辅以网络在线评价信息收集。

（3）数据统计法：将采集到的满意度评价指标等采用 SPSS、PLS 软件进行定量化的客观研究发现其对游客满意度与行为意向的各自影响路径大小，并关注指标体系内在的互动；探索游客人口学特征和旅游偏好对满意度与行为意向的影响关系及其二者的互动影响规律。

1.2.3 技术路线

本书技术路线如图 1.1 所示。

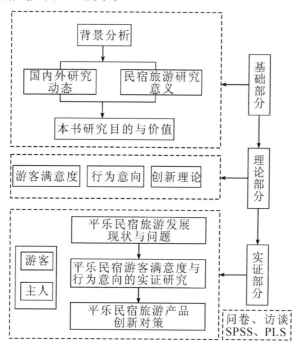

图 1.1 本书研究技术路线图

1.3　新型城镇化与古镇民宿旅游发展的关系

2013 年 12 月中央城镇化工作会议召开以后，全国开始了新型城镇化的征程，并于 2014 年出台《国家新型城镇化规划（2014—2020 年）》。新型城镇化是解决农业、农村、农民问题的重要途径，是推动区域协调发展的有力支撑，是扩大内需和促进产业升级的重要抓手，对全面建成小康社会、推进社会主义现代化具有重大现实意义和深远历史意义。而新型城镇化要以人为本，着力推进以人为核心的城镇化。具体是指提高城镇人口素质和居民生活质量，把促进有能力在城镇稳定就业和生活的常住人口有序实现市民化作为首要任务；要优化布局，根据资源环境承载能力构建科学合理的城镇化宏观布局，把城市群做为主体形态，促进大中小城市和小城镇合理分工、功能互补、协同发展；要坚持生态文明，着力推进绿色发展、循环发展、低碳发展，尽可能减少对自然的干扰和损害，节约集约利用土地、水、能源等资源；要传承文化，发展有历史记忆、地域特色、民族特点的美丽城镇。

古镇作为新型城镇化的重点发力区，既承担着本镇农业人口市民化同时又要接纳转移农业人口的市民化，因此做好古镇的新型城镇化对推动整体进程大有裨益。而古镇的产城互动中的产业由于地理、经济、历史等因素往往受到限制，可供选择的并不多，大部分古镇因地制宜，均通过旅游开发获得了较好的收益。民宿作为近期出现的旅游产业新业态以其贴合新型城镇化的需要而在古镇发展中备受关注。

1.3.1　古镇民宿旅游的发展促进新型城镇化进程

1. 因地制宜，特色产业助推

西部地区的古镇多处于我国水源保护区和生态涵养区，因此古镇由于受到严格的保护制度，使其无法开展大规模的建设性产业，也一度经济落后，成为扶贫对象。而其作为水源保护区和生态涵养区也造就了古镇的清新空气和绿色环境，加之与城市相反的生活节奏和独特的风土人情，反而成为了特别的旅游目的地，在国家确定了古镇的旅游战略性支柱产业的地位后，很多产业匮乏的古镇都将旅游作为自己的核心产业重点助推，并以旅游为核心带动相关现代服务业的发展，以期获得良好的经济、生态和社会效益。而民宿更是以旅游住宿中的新业态吸引着游客前来，形成一种特色助力。

2. 帮扶农业转移人口的再就业

民宿以就近转移、就近就业、就近城镇化的方式实现对农村转移人口的再就业。原来只从事农业生产，转变为既从事农业生产又从事服务活动，有些农民完全从原来的农事活动中摆脱出来，专门从事旅游服务接待工作。

民宿对农业转移人口的再就业具有较强的带动性。首先，它通过直接提供给游客住宿产品，让费用直接从游客到经营方，加之微信、支付宝等电子支付的便利，经济收入直接入户，更直接、更流畅、更多份额。其次，它是转移人口广泛再就业的途径，餐饮服务、客房卫生、文娱演出、工艺品制作、设施维修等，为不同性别、年龄阶段、教育背景的村民提供了多元化工作岗位，提升自我价值。再次，它可以为部分农村女性获得工作与家庭照顾兼顾的平台，以自己居住的家为接待场所，同时既是旅游空间也是生活空间，她们可以减少空间位移从而获得充分的时间进行家庭与工作的统筹兼顾，从而增强民生幸福感，为农村地区的繁荣和稳定贡献力量。

3. 有利于特色地域文化传承

很多历史文化古镇在大拆大建中摒弃自身地域文化特色，盲目模仿"洋化""城市化"的潮流，使得本来别具一格的古镇成为了"千城一面"的同质化样态，"乡村性"的缺失导致了本质吸引力的褪色。民宿旅游则是通过自身在旅游产品如房间的装修风格、建筑材质、物件摆设，当地风味餐饮、民俗节庆活动体验等环节上通过地域特色文化来呈现与打造，民宿之"民"主要体现当地之民风、民情，有利于特色地域文化传承。

4. 提升基础设施与公共服务建设，创建生态宜居环境

古镇民宿之所以能吸引游客，就是因为古镇有清新的空气、独特的民俗、好客的主人、慢节奏的生活、远去的记忆，游客可以在这里怀旧、发呆、放松心情。为了让游客有更方便的到达途径和更多的乡情体验，必须加强交通道路的铺设与绿化、农村生活垃圾收运体系、排水排污的整治等公共基础设施的建设；休闲书屋、合唱团、健身广场等文化阵地的建设等所创造的生态宜居环境，不仅吸引游客也为村民提供了更好的生活居住环境。

1.3.2 新型城镇化的进程为古镇民宿旅游的发展开拓了空间

1. 速度空间

新型城镇化进程中规定了各大小城市的定位与协调，在优化城镇体系布局后，古镇可以借助城市的资金、技术、信息的辐射，从而提升自身的产业集

群、资金整合、交通规划、公共服务等，带动自身跨越发展，为民宿发展带来了加速的外围空间。

2. 市场空间

随着大城市的居住人数增多，附近的古镇成为客源集散地的同时，也成为了短途旅游的目的地。在城市化高强度、快节奏的生活之下，古镇具有的自然环境、乡愁记忆等能让人们暂时逃避，通过在古镇上的暂住几日，获得放松与愉悦，再以良好的心态投入到日常生活与工作中。而日益凸显的个性化特征，也让游客不再满足于酒店的高端化、标准化提供，而是偏向于特色化、有人情味的乡间民宿。新型城镇化为古镇民宿提供了广阔的市场空间。

3. 产品空间

新型城镇化强调的信息化、工业化、城镇化、农业现代化相互协调的四化互动延伸了古镇民宿产品的开发空间。城镇化、农业现代化促进了由自然清新生态环境、聚落建筑、田园景观构成的古镇景观空间与由农耕文化、生活形态、民风民俗构成的古镇文化意向的原味保留，信息化、工业化为游客提供了更多的交互式、虚拟式、个性化体验，也带来了满足不同游客需求的多样化选择。

4. 人才空间

新型城镇化带来的经济效益的提升，组织形式的变革，为更多的人才留在古镇发展，甚至是年轻人返乡创业提供了良好的平台空间。落实到民宿上，对村民们的装修风格、信息化技术、服务技能、沟通技巧、娱乐展示等服务综合素质都有较大的提升功效。对民宿从"容器"到"磁极"的创新，也将其引领上了可持续发展之路。

第 2 章　文献综述与理论基础

2.1　文献综述

2.1.1　民宿旅游产品

1. 国内研究

1）大陆地区研究

民宿旅游的前身起源于欧洲的乡村旅舍，多为 B&B 形式①；民宿这个词来源于日语"Minshuku"，蓬勃于台湾，其初级阶段就是大陆的"农家乐""渔家乐"②，民宿在观光旅游到休闲度假转型中具有重要作用③，而经营者与乡村风情是民宿经营的核心资源④，但目前的民宿存在缺乏整体规划和乡土文化特色、服务意识不强等问题⑤，并存在依法申请、日常执法、特色经营等困难⑥，旅游者对民宿的消费更趋于体验性消费和意向消费⑦，目前国内的民宿多处于一个雏形阶段⑧，民宿应从低端单一产品、同质化开发、个体经营、分散布点向高级且有特色的休闲产品、差异化发展、企业操作和集群布局转变⑨。同时，少数民族的民宿也开始受到关注，并可以与游客满意度关联起来探讨。⑩

2）台湾地区研究

我国台湾地区民宿最早在 20 世纪 80 年代发源于垦丁国家公园，其次是阿

①　樊欣，王衍用. 国外乡村旅舍开发与经营研究综述[J].旅游科学，2006，6：47—52.

②　曾磊，段艳丽，汪永萍，台湾民宿产业对大陆乡村旅游发展的启示[J].河北农业大学学报，2009，4：507—510.

③　邹开敏. 民宿：休闲度假旅游的一种探索——以江苏周庄为例[J].乡镇经济，2008，8：89—92.

④　胡敏. 乡村民宿经营管理核心资源分析[J].旅游学刊，2007，9：64—69.

⑤　王显成. 我国乡村旅游中民宿发展状况与对策研究[J].乐山师范学院学报，2009，6：69—72.

⑥　潘颖颖. 浙江民宿发展面临的困难及解析——基于西塘的民宿旅游[J].生产力研究，2013，3：132—135.

⑦　范欧莉. 顾客感知视角下民宿评价模型构建[J].江苏商论，2011，10：37—39.

⑧　周艳. 探讨中国内地原生民宿存在的问题及解决方法[J].华章，2012，29（66）：68.

⑨　蒋佳倩，李艳. 国内外旅游"民宿"研究综述[J].旅游研究，2014，4：16—22.

⑩　龙肖毅. 大理古城民居客栈中外游客满意度的人口特征差异的对比研究[J].大理学院学报，2009，8（3）：25—28.

里山观光地区，作为旅游旺季时的住宿补充，1989年为了改善山区少数民族生活，同时也利用山区观光资源，推行少数民族山区民宿，实施旅游扶贫。后来，为了迎接加入WTO的挑战以及传统农业转型的需要，开始在大量的休闲农场发展民宿，民宿进入了蓬勃发展阶段，民宿家数呈现稳定增长（详情见图2.1）。截止到2013年2月，据台湾旅游部门统计，合法民宿达4355家，其房间数为17 359间（详情见图2.2，图2.3），前三名依次为花莲县（1016，3698）、宜兰县（833，3208）、南投县（520，2441）。2013年台湾民宿住宿人数2 629 551人，收入2 429 884 622元新台币。并且2011年时，在多种住宿类型统计中（详情见表2.1），民宿的平均房价超过一般旅馆，住宿旅馆夜数与平均住房人数在四种旅馆形态中位居最高，分别是8.07与2.68。

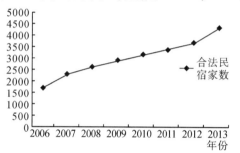

图2.1　2006～2013年台湾地区合法民宿家数统计图

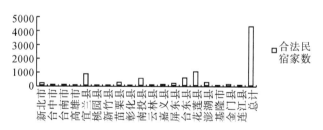

图2.2　2013年台湾地区合法民宿家数统计图

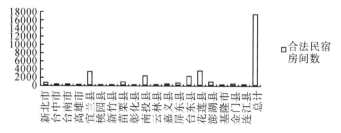

图2.3　2013年台湾地区合法民宿房间数统计图

表 2.1　100 年来台旅客住宿各级旅馆/民宿的房价、住宿夜数与住房人数

旅馆等级	平均房价/元	住宿旅馆夜数	平均住房人数
国际观光旅馆	3447	4.44	1.68
一般观光旅馆	2496	4.61	1.59
一般旅馆	1934	5.70	1.59
民宿	2171	8.07	2.68

　　台湾地区民宿是伴随着休闲需求和创造社区经济收入而发展起来的，可见台湾的民宿最开始也只是作为住宿的补充设施，充当"容器"的功效，其经济价值也只是基于扶贫考量；随着不断的发展，其除了承担住宿功能外，还扮演了旅游吸引物的"磁极"功效，有越来越多的游客是为了体验民宿而前往某地旅游[1]，成为了台湾观光资源中"有人情味"的代表，创造的经济价值也有目共睹，成为了旅游中的特色产业，并于 2001 年获台湾旅游部门颁布专门的管理制度——《民宿管理办法》以兹规范。

　　产业的发展历程，也投射在了学术的研究中。探讨台湾地区民宿研究现状，其意义有三：其一：可以更清楚地了解产业发展中曾遇到的问题；其二：可以考量学术研究在政府、行业中所起的桥梁作用；其三：可以发现台湾学者的研究方式与风格，进而提升我的研究的水平与功效，更好地发挥学者的"智库"作用。而现在国内关注较多的是台湾地区民宿产业对大陆的启示[2][3]，但还没有对民宿学术研究做专门分析。所以本书拟在此项上做尝试，并在分析学术研究的同时，协同产业发展的政策、协会做关联分析。

　　分别进入"Airiti Library 台湾学术文献数据库"和"TAO 台湾学智慧藏"两个数据库[4]，在搜索栏键入"民宿"，"Airiti Library 台湾学术文献数据库"显示"科学期刊库"为 42 篇，"科学论文库"（以会议论文为主）为 21 篇，时间为 2003～2013 年。"TAO 台湾学智慧藏"显示期刊论文 152 篇，博硕士论文 76 篇，时间为 1989～2013 年。但 TAO 库中有很多属于游记、散文等非学术文献，如其间的《乡间小路》27 篇，《台湾光华杂志》7 篇，《旅读中国》5 篇……除去非学术论文和非人文社科类，再与 Airiti 库相比选，再挑选至少被引用 1 次，得到 89 篇文献，包括期刊、会议、博硕论文，再仔细鉴别删除相似文献（内容 90% 相似，题目略有差别）5 篇，共收集到 84 篇文献，其中期

---

①　曾喜鹏. 打造民宿多元通路：从整合到品牌[J]. 台湾民宿季刊，2008，2：5—10.

②　曾磊，段艳丽，汪永萍. 台湾民宿产业对大陆乡村旅游发展的启示[J]. 河北农业大学学报，2009，4：507—510.

③　周琼，曾玉荣. 台湾民宿发展及其启示[J]. 中国乡镇企业，2013，9：64—68.

④　这两个库是汇集台湾学术研究最广泛的数据库，并被中国大陆多家科研机构引进.

刊论文(含会议论文)57 篇，硕士论文 26 篇，博士论文 1 篇。时间为 1991～2013。具体是 90 年代共 8 篇，2001 年 4 篇，2002 年 7 篇，2003 年 5 篇，2004 年 8 篇，2005 年 3 篇，2006 年 5 篇，2007 年 7 篇，2008 年 11 篇，2009 年 9 篇，2010 年 5 篇，2011 年 3 篇，2012 年 5 篇，2013 年 4 篇。可以看出 2000 年后的民宿研究进入了稳定化发展。

(1)民宿定义。依据 2001 年 12 月 2 日《民宿管理办法》第一章第三条指出："民宿系指利用自用住宅空闲房间，结合当地人文、自然景观、生态、环境资源及农林渔牧生产活动，以家庭副业方式经营，提供旅客乡野生活之住宿处所"。其对应的英文表述有 "tourist home" "home stay" "B&B"，2001 年后多为 "B&B"。"B&B" 的全称是 "Bed and Breakfast"，原是指欧洲乡村收费低廉提供住宿和早餐基本服务的家庭旅馆，多为自家房屋，且房间数少，对应台湾管理办法中的要求，民宿的确用 "B&B" 表述更加符合。可见，虽然民宿在房间数量、服务类型和档次逊于酒店，但其住宿环境中强调的地方特色和风土人情，恰恰是酒店所不能比拟的。

(2)民宿类型。台湾地区的民宿形态与种类多样化，且民宿分类没有固定的方式。按文化体验分为艺术体验型农村民宿、复古经营型农村民宿、赏景度假型农村民宿、农村体验型农村民宿及小区文化体验型农村民宿①。有的学者依据民宿的经营类型来分，有的以设置区分，有的以建筑形态、行政区区分②。台湾旅游部门在管理办法中"以客房数五间以下，且客房总楼地板面积一百五十平方公尺以下为原则。但位于少数民族保留地、经农业主管机关核发经营许可登记证之休闲农业区、观光地区、偏远地区及离岛地区之特色民宿，得以客房数十五间以下，且客房总楼地板面积二百平方公尺以下之规模经营之"，可见官方按经营规模分为一般民宿和特色民宿。

(3)民宿功能。发展观光事业、密切城市与乡村的交流、增加农民收入安定生活、协调农村生产、生活、生态的一体化发展③；人情味体验、生态知识教育、改变农村人口外流④。

① 陈昭郎，张东友. 台湾农村民宿之类型及其营销策略[J]. 农业经营管理会讯，2002，33：16－20.
② 梅国忠，朱宗纬，谢尧宏，等. 运用多层次分析探讨影响民宿顾客满意度与再宿之因素[J]. 乡村旅游研究，2012，1：29－44.
③ 郑诗华. 农村民宿之经营及管理[J]. 户外游憩研究，1992，5：13－24.
④ 刘建哲，林碧钏. 台湾民宿发展之问题与对策[J]. 乡村旅游研究，2007，2：39－60.

（4）民宿需求。市场区隔、游客动机①②③④，消费行为⑤⑥⑦，游客行为意向⑧⑨⑩⑪，关系品质⑫，民宿旅游地意象量表与旅游地品牌之建构⑬，体验、生活品质关联⑭⑮，营销⑯⑰，绿色民宿知识⑱⑲，游客环境态度⑳，游客满意度㉑㉒㉔㉕。

①　姜惠娟. 休闲农业民宿旅客特性与需求之研究[D]. 台中：中兴大学，1996.

②　徐韵淑，黄韶颜. 民宿游客市场区隔分析之研究[J]. 餐旅暨家政学刊，2004，1：67—86.

③　掌庆琳，张举成，高秋英. 原住民部落民宿概况——以屏东县雾台村为例[J]. 永续发展与管理策略，2009，1：25—31.

④　吴菊. 游客选择民宿关键之因素探讨[J]. 岛屿观光研究，2009，3：28—45.

⑤　陈昭郎，张东友. 台湾农村民宿之类型及其营销策略[J]. 农业经营管理会讯，2002，33：16—20.

⑥　严如钰. 民宿用户消费态之研究[D]. 新北：辅仁大学，2002.

⑦　王美慧，陈瑞龙，叶陈锦. 民宿旅客之消费行为探讨——以花莲地区为例[J]. 户外游憩研究，2006，4：1—30.

⑧　林舜涓，蔡佳燕，邱丽文. 由住宿体验提高顾客之行为意向——以花莲民宿为例[J]. 观光旅游研究学刊，2007，2：73—92.

⑨　傅行衍，李宗儒，曾敏雅. 体验行销模式对民宿游客行为意图影响之研究——以南投县鹿谷乡小半天为例[J]. 服务业管理评论，2010，8：125—149.

⑩　郭幸萍，吴纲立. 民宿业之服务属性对顾客行为意图的影响——以关系品质为中介变数[J]. 户外游憩研究，2013，4：51—78.

⑪　吕佳茹，李曈淳，洪婷匀. 消费者之民宿代写文态度对信任与行为意图之影响[J]. 乡村旅游研究，2012，2：31—42.

⑫　欧圣荣，林奕君，柯嘉钧. 民宿关系品质模式之研究[J]. 户外游憩研究，2008，2：43—65.

⑬　曾喜鹏，杨明青. 民宿旅游地意象量表与旅游地品牌之建构[J]. 观光休闲学，2010，3：211—233.

⑭　廖荣聪. 民宿旅客投宿体验之研究[D]. 台中：朝阳科技大学，2003.

⑮　徐茂练，纪慧如，吴宜芳，等. 真实体验与生活品质关联性之研究——以民宿休闲为例[J]. 健康管理学刊，2011，1：99—118.

⑯　陆允怡，陈箴. 民宿产业运用网路行销策略之研究[J]. 景文学报，2007，2：69—86.

⑰　林郁峰，林玥秀. 民宿部落格行销[J]. 管理实务与理论研究，2009，3（3）：52—77.

⑱　王月莺. 影响民宿经营者与消费者接受绿色民宿概念之因素[D]. 高雄：中山大学，2008.

⑲　黄君平，黄韶颜，詹玉瑛，等. 消费者对于绿色民宿知识之研究[J]. 乡村旅游研究，2011，1：33—52.

⑳　范玉玲，林士彦，王培馨. 游客环境态度与环保旅馆质量要素之 Kano 二维品质模式关联研究[J]. 观光休闲学报，2012，1：27—46.

㉑　杨永盛. 游客对宜兰地区民宿评价之研究[D]. 台北：世新大学，2002.

㉒　沈进成，王伯文. 民宿体验对游客意象及忠诚度影响关系研究——以奋起湖地区为例[J]. 旅游管理研究，2004，2：195—213.

㉓　林淑真. 民宿投宿动机、期望、旅游意向、满意度与忠诚度关系之研究——以古坑地区民宿为例[D]. 衡阳：南华大学，2008.

㉔　梁家祜，郑锡钦，李谋监. 澎湖民宿游客投宿动机与满意度之研究[J]. 运动与游憩研究，2009，4：117—136.

㉕　梅国忠，朱宗纬，谢尧宏，等. 运用多层次分析探讨影响民宿顾客满意度与再宿之因素[J]. 乡村旅游研究，2012，1：29—44.

（5）民宿供给。建筑规划①，申请困境②，经营动机③，服务品质④，外部资源与经营能力⑤，民宿价格⑥；经营管理：民宿经营成功离不开本身特色、市场区隔、产品定位⑦⑧；民宿发展与观光资源类型、密度的关系（施君翰等，2013）⑨；绿色环保⑩⑪。

（6）民宿管理办法。民宿管理办法与民宿发展及其适切性⑫⑬、民宿管理办法修正草案适用性⑭是相关民宿管理政策中谈论焦点，可见政策的颁布最重要的就是能否在实际中指导、规范民宿发展，所以它的适用性颇受关注。

（7）陆岛互动。从宏观角度分析了中国乡村民宿发展及对策⑮；大陆农家乐和台湾民宿的概念、现实差异比较，认为二者的差距是大陆农家乐经营业主与台湾民宿经营业主的"城""乡"差异，是"乡村士绅"与世代农民的差距。从政策瓶颈、体制障碍、观念约束上去寻找突破口⑯。以上均是大陆学者发表在台湾期刊上的文章，已经开始了陆岛对比研究，但数量较少。

2. 其他研究

① 顾志豪. 台湾休闲农业发展中民宿建筑之配合规划研究[D]. 台北：台湾大学，1991.
② 石进芳，沈志豪. 民宿申请困境分析与解决对策探讨[J]. 农业经营管理会讯，2004（38）：16—24.
③ 许秉翔，潘名芳. 民宿主人的经营动机如何影响主客关系？——以台湾民宿协会会员为对象[J]. 乡村旅游研究，2009，1：53—70.
④ 陈慧玲，吴英伟. 游客对民宿服务品质与游憩体验之关联性研究：以屏东雾台民宿为例[J]. 行销评论，2009，2：299—328.
⑤ 游志青，胡哲生，叶春雅. 结合外部资源与经营能力的差异化策略设计－民宿产业[J]. 企业管理学报，2010，9：115—144.
⑥ 于健，魏棋. 影响民宿订价特征因素之研究——以宜兰县为例[J]. 管理信息计算，2013，1：176—186.
⑦ 郑建雄. 民宿经营之道[J]. 农业经营管理会训，2001，27：6—9.
⑧ 吴碧玉. 民宿经营成功关键因素之研究[D]. 台中：朝阳科技大学，2003.
⑨ 施君翰，林致远，陈羿文，等. 台湾民宿发展与观光资源之关联[J]. 观光与休闲管理期刊，2013，1：124—136.
⑩ 廖子萱. 台湾民宿业者对于发展环保民宿之态度、行为与意愿之研究[D]. 台北：中国文化大学，2006.
⑪ 林灼荣，黄章展，吴立伟，等. 绿色社会责任与营运效率：日月潭国家风景区民宿业之研究[J]. 观光休闲学报，2013，1：55—78.
⑫ 陈清渊. 从民宿管理办法看民宿经营的未来发展[J]. 农业经营管理会训，2002，33：21—23.
⑬ 李亚珍. 民宿发展及其管理办法之适切性[D]. 台中：静宜大学，2005.
⑭ 杨文广，李素箱，邓乃铺，等. 民宿管理办法修正草案适用性之探讨——以民宿经营者之观点立论[J]. 朝阳学报，2008，13：271—309.
⑮ 王婉飞，刘柯. 中国乡村民宿发展及对策[J]. 乡村旅游研究，2009，2：1—7.
⑯ 刘聪，陈乃哲. 穷则思变与富则思闲——大陆农家乐与台湾民宿之比较[J]. 乡村旅游研究，2012，2：43—50.

　　民宿旅游的独特之处是客人与主人要具有一定程度上的交流[①]，通过对以色列的民宿的探讨，我们可以认为民宿既可以增加收入还能让年轻人留在当地[②]；利用服务质量差距模型，得出的结论是民宿的发展需要提高服务质量管理和市场营销能力[③]；南非水牛城民宿的成功之处在于网络企业的进入和服务技能的提升[④]；香港前往内地民宿市场的主力是年轻男性[⑤]；中国台湾地区和美国的民宿经营者在工作与个人生活平衡中，前者得到更多的来自于家庭等集体主义的支持[⑥]；在对美国 396 位民宿业主的在线调查后发现，业主的工作与家庭边界的整合差异与开办民宿动机密切相关[⑦]；提升口碑是台湾民宿业的市场销售中的最佳策略[⑧]；分析发现了台湾地区民宿氛围对消费者体验、价值与自发行为的正相关规律[⑨]。

　　相比中国台湾地区研究和其他研究，中国大陆民宿的研究才刚起步，而台湾地区则已有专门的民宿管理办法和蓬勃的民宿发展产业，其研究重点领域为：需求方游客的满意度与忠诚度，研究数量约占总体的 33% 左右，即民宿产业的“磁极”样态的“磁力”形成和持续。具体构面有住宿动机、市场区隔、消费行为、关系品质、绿色民宿、网站营销、再宿意愿、主人经营动机、服务属性、营销等。原因在于民宿市场发展迅速，这之间的竞争也越来越激烈。如何获得更多且稳定的客源就成为了竞争第一目标，有些虽然是站在供给方民宿主人的角度，但研究内容仍然指向如何更好地为游客服务。对于如何获

---

①　Alastair M M，Philip L P，Gianna M，et al. Special accommodation：definition，markets served，and roles intourism development[J]. Journal of Travel Research，(Summer)，1996：18—25.

②　Fleischer A，Pizam A. Rural tourism in Israel[J]. Tourism management，1997，18（6）：367—372.

③　Reichel A，Lowengart O，Milman A. Rural tourism in Israel：service quality and orientation [J]. Tourism Management，2000，21（5）：451—459.

④　Nuntsu N，Tassiopoulos D，Haydam N. The bed and breakfast market of Buffalo City（BC），South Africa：present status，constraints and success factors[J]. Tourism Management，2004，25（4）：515—522.

⑤　Jones D L，Jing Guan J. Bed and breakfast lodging development in Mainland China：who is the potential customer[J]. Asia Pacific Journal of Tourism Research，2011，16（5）：517—536.

⑥　Hsieh Y C，Lin Y H. Bed and Breakfast operators' work and personal life balance：A cross-cultural comparison[J]. International Journal of Hospitality Management，2010，29（4）：576—581.

⑦　Li Y，Miao L，Zhao X，Lehto X. When family rooms become guest lounges：Work-family balance of B&B innkeepers[J]. International Journal of Hospitality Management，2013，34（1）：138—149.

⑧　Chen L C，Lin S P，Kuo C M. Rural tourism：Marketing strategies for the bed and breakfast industry in Taiwan[J]. International Journal of Hospitality Management，2013，32（1）：278—286.

⑨　Chen J L. The Impact of Bed and Breakfast Atmosphere，Customer Experience，and Customer Value on Customer Voluntary Performance：A Survey inTaiwan[J]. Asia Pacic Journal of Tourism Research，2015，20（5）：541—562.

得持续客源，从研究者分析构面可以看出有三大建议：首先依据游客人口学特征差异，提供个性服务，以打造特色民宿。其次充实主客交往，提供热情、细致的人际交流，深化游客体验。再次绿色环保，为永续发展打下基础。国外的民宿关注需求与供给双方，并注重多种模型适应性的判别。

由此可见，民宿应是房屋产权所有者自己经营的具备地方风情特色的旅游住宿设施。主人的日常生活也还在民宿中，并为游客提供服务，通过主客互动和地方特色体验让游客留下深刻难忘的记忆。民宿旅游产品是游客在民宿中体验的住宿、餐饮、民俗、交往、娱乐等综合产品。

表 2.2　民宿与酒店差异表

项目	民宿	酒店
功能	基本的为住宿，少量有餐饮、娱乐功能，较单一	住宿、餐饮、娱乐、会议、康体等多种功能，为复合型
舒适度	一般	高
投资数额	几万——几百万，少	几千万——上亿，高
投资主体	民宿主人个体	企业
风格	强调个性化	强调标准化
硬件设施	亲民	中、高档
管理	家人，随意性强	企业，岗位明确、制度规范
服务	家人	员工
文化交往	重要，游客与主人之间	一般，游客对企业
收入	精准到户	企业
价格	便宜	高

由表 2.2 可见民宿在建筑规模、投资数额、功能提供、硬件设施、标准服务、管理能力上都不能与酒店相比，因此要想吸引并能留得住游客，需要另辟蹊径，发展自身特长。

2.1.2　游客满意度

1. 国内研究

游客满意度的研究起源于顾客满意度，是商业形态发展到一定阶段，企业为了获取更大、更持续的利润从产品导向阶段转而过渡到顾客研究阶段。以体验为本质的旅游产品更是如此，在中国知网(CNKI)中输入"游客满意度"查询，发现旅游学科比例最大（图 2.4），在 10 个学科中约占 38.3%[1]，因为旅游产业的主体是旅游者，旅游业主要通过服务劳动和各种资源设施来实现和满足旅游者的体验活动，因此对各企业而言，如何探测影响游客满意度的影响因

---

① 数据采集来源于中国知网，采集时间为 2015 年 7 月 30 日.

素，进而通过服务质量提高游客满意度，是该领域的研究重点和难点。

图 2.4　游客满意度研究学科分布图

资料来源：http：//epub. cnki. net/kns/brief/default＿result. aspx

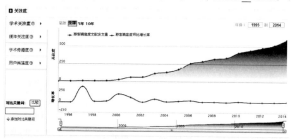

图 2.5　游客满意度研究学术关注图

资料来源：http：//epub. cnki. net/kns/brief/default＿result. aspx

　　游客满意度的国内研究从 1996 年开始，随后一直呈增长趋势，进入 2000 年后增长速度迅猛提升，游客满意度在旅游业竞争中越来越重要[1]（图 2.5）。基于 SCSB(瑞典顾客满意度指数)、ACSI(美国顾客满意度指数)、ECSI(欧洲顾客满意度指数)指数模型的分析，提出了改进的 CSI 模型(顾客满意度指数)[2]；运用美国密歇根大学质量研究中心费耐尔（Fornell）教授的顾客满意度指数理论，构建旅游地顾客满意度指数测评的因果模型（Tourism Destination Customer Satisfaction Index，简称 TDCSI）和旅游地顾客满意度测评指标体系[3]；采用灰色关联分析方法，对桂林的 5A 级景区进行了游客满意度的测评[4]；运用模糊综合评价构建的模型分析了广东丹霞山景区的游客满意度[5]并建立了旅游环境游客满意度指数（TSI）测评模型，并采用多元回归方法对黄

　　① 李智虎. 谈旅游景区游客服务满意度的提升[J].企业活力，2003，4：39－41.

　　② 刘新燕，刘雁妮，杨智，等. 构建新型顾客满意度指数模型——基于 SCSB、ACSI、ECSI 的分析[J].南开管理评论，2003，6：52－56.

　　③ 连漪，汪侠. 旅游地顾客满意度测评指标体系的研究及应用[J].旅游学刊，2004，5：9－13.

　　④ 梅虎，朱金福，汪侠. 基于灰色关联分析的旅游景区顾客满意度测评研究[J].旅游科学，2005，5：27－32.

　　⑤ 董观志，杨凤影. 旅游景区游客满意度测评体系研究[J].旅游学刊，2005，1：27－30.

山游客满意度进行测评①；通过对九寨沟与庐山的对比，认为单纯感知模型比期望模型更适合于游客满意度的测量②；使用结构方程模型分析，发现旅游动机正向影响游客涉入，游客涉入正向影响游客满意度，游客涉入对旅游动机和游客满意度之间的关系起中介作用③；应用IPA法，测定了福建永定土楼遗产地的游客满意度④；采用因子分析法对贵州的乡村旅游游客满意度及再次游览意向的影响因素进行了研究⑤；采用问卷调查研究了游客对旅游景区声景观属性的感知和满意度⑥；运用扎根理论对北京7个5A级景区的游客满意度影响因素进行了研究，揭示了核心吸引物体验和配套服务体验是最核心的两项影响因素⑦；采用结构方程模型，对自驾游的游客满意度进行了探讨，发现游客旅行需求、自驾旅行优势对自驾游客总体满意度具有显著影响，其次是目的地的设施与管理⑧。

2. 国外研究

游客满意度由期望差异引发⑨；测量模型有 IPA⑩、SERVQUAL、SERVPERF⑪、HOLSAT⑫，并不断被修正。英国和德国游客在相同旅游目的地的满意度呈现差异，这可以指出游客属性对满意度有显著影响⑬；用 SE-

① 王群，丁祖荣，章锦河，等. 旅游环境游客满意度的指数测评模型——以黄山风景区为例[J]. 地理研究，2005，5：27—32.

② 史春云，刘泽华. 基于单纯感知模型的游客满意度研究[J]. 旅游学刊，2009，4：51—55.

③ 张宏梅，陆林. 游客涉入及其与旅游动机和游客满意度的结构关系——以桂林、阳朔入境旅游者为例[J]. 预测，2010，29（2）：64—69.

④ 蔡彩云，骆培聪，唐承财，等. 基于IPA法的民居类世界遗产地游客满意度评价——以福建永定土楼为例[J]. 资源科学，2011，33（7）：1374—1381.

⑤ 张春琳. 乡村旅游游客满意度及再次游览意向影响因素研究——来自贵州省西江千户苗寨的经验证据[J]. 农业经济问题，2012，1：60—66.

⑥ 仇梦嫄，王芳，沙润，等. 游客对旅游景区声景观属性的感知和满意度研究——以南京夫子庙—秦淮风光带为例[J]. 旅游学刊，2013，28（1）：54—61.

⑦ 何琼峰. 基于扎根理论的文化遗产景区游客满意度影响因素研究——以大众点评网北京5A景区的游客评论为例[J]. 旅游学刊，2014，34（1）：168—173.

⑧ 史春云，孙勇，张宏磊，等. 基于结构方程模型的自驾游客满意度研究[J]. 地理研究，2014，33（4）：751—761.

⑨ Pizam A，Neumann Y，Reichel A. Dimentions of tourist satisfaction with a destination area [J]. Annals of Tourism Research，1978，5（3）：314—322.

⑩ Martilla J，James J. Importance—Performance Analysis[J]. Journal of Marketing，1977，41（1）：77—79.

⑪ Cronin Jr J J，Taylor S A. SERVPERF versus SERVQUAL：reconciling performance-based and perceptions-minus-expectations measurement of service quality[J]. The Journal of Marketing，1994：

⑫ Tribe J，Snaith T. From SERVQUAL to HOLSAT：Holiday satisfaction in Varadero，Cuba [J]. Tourism Management，1998，(19)：25—34.

⑬ Kozak M. Comparative assessment of tourist satisfaction with destinations across two nationalities[J]. Tourism Management，2001，22：391—401.

RVQUAL 模型测定了肯尼亚国家公园的游客满意度[①]；应用结构方程模型研究了游客旅游动机、满意度和目的地忠诚度之间的关系[②]；应用期望差异模型分析了西班牙的游客满意度和忠诚度的关系[③]；通过分析秘鲁亚马逊的生态旅游，发现了三类游客的满意度差异[④]；探析了伊斯兰教的宗教角色认知、顾客价值和游客满意度的关系[⑤]。

游客满意度现有的应用范围越来越广，有旅游景区、主题公园、休闲农业园、旅行社、饭店、旅游交通、旅游服务、旅游购物、旅游设施、旅游公共信息……当然应用最多的还是旅游景区；满意度研究层面越来越细，如旅游解说服务、旅游金融服务、旅游景区的声光设施等；研究模型、方法等越来越多元化。其一：研究模型：大部分都以美国的 Fornell 教授的顾客满意度指数理论和旅游产品的"食、住、行、游、购、娱"六要素模型为基础，在此基础上进行修正。其二：研究方法：游客满意度从起初的定性研究转变到定量研究。灰色关联预测、多元回归分析、模糊综合评价、IPA 法（Importance-Performance Analysis）、结构方程模型、扎根理论等，满意度评级多划分为 5～7 级。其三：研究内容：在上述对游客满意度的研究中，除了探讨影响指标（目的地形象、硬件设施、服务绩效、管理水平、感知价值、期望质量）外，都关注到了游客满意度的后果：游客忠诚、游客抱怨，即游客的游后行为意向。忠诚会带来重游、推荐行为，而抱怨会导致投诉、负面传播行为；甚至游客的推荐行为比重游行为对旅游地的影响更大[⑥]。其四：研究理论：期望差异、单纯感知、服务质量模型（SERVQUAL）、服务绩效模型（SERVPERF）、ACSI（美国顾客满意度指数）等等，其中采用服务绩效模型（SERVPERF）和期望差异理论的最多。

2.1.3　游客行为意向

1. 国内研究

---

① Akama J S, Kieti D M. Measuring tourist satisfaction with Kenya's wildlife safari: a case study of Tsavo West National Park[J]. Tourism Management, 2003, 24 (1): 73－81.

② Yoon Y, Uysal M. An examination of the effects of motivation and satisfaction on destination loyalty: a structural model[J]. Tourism Management, 2005, 26 (1): 45－56.

③ del Bosque I R, San Martín H. Tourist satisfaction a cognitive-affective model[J]. Annals of Tourism Research, 2008, 35 (2): 551－573.

④ Torres-Sovero C, González J A, Martín-López B, et al. Social-ecological factors influencing tourist satisfaction in three ecotourism lodges in the southeastern Peruvian Amazon[J]. Tourism Management, 2012, 33 (3): 542－552.

⑤ Eid R, El-Gohary H. The role of Islamic religiosity on the relationship between perceived value and tourist satisfaction[J]. Tourism Management, 2015, 46 (2): 477－488.

⑥ 史春云, 刘泽华. 基于单纯感知模型的游客满意度研究[J]. 旅游学刊, 2009, 4: 51－55.

以博物馆服务为案例，探讨了服务公平性、服务质量、组织形象、满意度、信任感对游客行为意向的影响①；指出游客对导游的满意感、信任感、导游的服务质量会影响游客的行为意向②；从游客对旅游住宿产品体验和感知的视角，研究生态住宿体验和个人涉入度对游客环保行为意向的影响③；分析了大陆和日本游客到台湾地区旅游的动机、消费情形、满意度、重游意愿④；以九华山韩国团体旅游者为例，探讨了旅游动机及其对游客满意和游后行为意向的影响研究⑤；基于上海世博会国内游客调研数据分析，构建世界级博览会游客感知价值维度与行为意向、重游意向的结构方程模型，并进行关系验证，指出效用价值、服务价值、愉悦价值对游客行为意向有显著的正向影响⑥；以桂林七星公园为例，将旅游地印象、游客满意度及行为意向关系研究，发现满意度对行为意向有显著的正向作用⑦；以澳门为研究地域，探析了饮食旅游动机对游客满意度和行为意向的影响研究⑧；通过对张家界国际乡村音乐节游客的调查数据，实证检验了旅游节事创新各维度与整体创新、游客满意和品牌资产的相互关系及其对游客行为意向的影响⑨。

2. 国外研究

游客行为意向（behavioral intentions）是指游客在旅游体验后的行为倾向，一般来说有三种：评价、重游、推荐，由于它研究的是游客在旅游后期进程中

————————————

　① 谢礼珊，韩小芸，顾饶. 服务公平性、服务质量、组织形象对游客行为意向的影响——基于博物馆服务的实证研究[J]. 旅游学刊，2007，12：51—58.
　② 谢礼珊，李健仪. 导游服务质量、游客信任感与游客行为意向关系研究[J]. 旅游科学，2007，4：43—49.
　③ 刘静艳，王郁，陈荣庆. 生态住宿体验和个人涉入度对游客环保行为意向的影响研究[J]. 旅游学刊，2009，8：82—88.
　④ 谢桂敏，赵湘湘. 大陆与日本赴台游客行为意向的对比分析[J]. 旅游论坛，2010，4：473—480.
　⑤ 刘力，吴慧. 旅游动机及其对游客满意和游后行为意向的影响研究——以九华山韩国团体旅游者为例[J]. 旅游论坛，2010，2：147—152.
　⑥ 王朝辉，陆林，夏巧云. 基于 SEM 的重大事件国内游客感知价值及行为意向关系研究——2010 上海世博会为例[J]. 地理研究，2011，4：735—746.
　⑦ 卢韶婧，张捷，张宏磊，等. 旅游地印象、游客满意度及行为意向关系研究——以桂林七星公园为例[J]. 人文地理，2011，4：121—127.
　⑧ 张涛. 饮食旅游动机对游客满意度和行为意向的影响研究[J]. 旅游学刊，2012，10：78—84.
　⑨ 李朝军，郑焱. 旅游节事创新维度结构及其对游客行为意向的影响[J]. 商业研究，2014，8：162—170.

对未来忠诚度可能性的一种预测，因此对旅游目的地的营销与战略规划非常重要，因此探讨游客行为意向的因素就成了研究中的重点和热点。近期研究发现游客感知质量对行为意向的影响强度大于对满意度的强度①；旅游前和旅游中的游客情感态度对于后续行为意向有着直接影响②；通过服务质量感知和游客满意度来判断游客行为意向③；冒险旅游的价值、满意度和行为意向的关系，发现满意度在价值和行为意向中起着中介作用，并与行为意向呈正相关④；旅游目的地的供给质量直接正向影响游客满意度和行为意向⑤；情绪反应、满意度、推荐意愿三者之间由于游客的人口学属性的差异而具有不同模式，可以凭此来解决旅游目的地的细分市场和品牌问题⑥；在文化遗产地 Petra 旅游的游客情绪体验对满意度和行为意向的作用，并验证满意度和游客行为意向有积极的正相关作用，并指出行为意向的三种指标：推荐给他人、正面评价、鼓励他人前来⑦；与服务员、当地居民、其他游客的社会交往对农业旅游者的满意度的重游意愿有积极影响⑧；伊斯坦布尔文化旅游：作为中介效应的旅游体验和满意度对参与和推荐意向的关系，指出游客的旅游体验质量和满意度作为中介效应，对其参与和推荐意向呈正相关的关系⑨。

①　Baker D A, Crompton J L. Quality, satisfaction and behavioral intentions [J]. Annals of Tourism Research, 2000, 27 (3): 785—804.

②　Sparks B. Planning a wine tourism vacation factors that help to predict tourist behavioural intentions[J]. Tourism Management, 2007, 28 (5): 1180—1192.

③　González M E A, Comesaa L R, Brea J A F. Assessing tourist behavioral intentions through perceived service quality and customer satisfaction[J]. Journal of Business Research, 2007, 60 (2): 153—160.

④　Williams P, Soutar GN. Value, satisfaction and behavioral intentions in an adventure tourism context[J]. Annals of Tourism Research, 2009, 36 (3): 413—438.

⑤　Abkar V, Breni M M, Dmitrovi T. Modelling perceived quality, visitor satisfaction and behavioural intentions at the destination level[J]. Tourism Management, 2010, 31 (4): 537—546.

⑥　Hosany S, Prayag G. Patterns of tourists' emotional responses, satisfaction, and intention to recommend[J]. Journal of Business Research, 2013, 66 (6): 730—737.

⑦　Prayag G, Hosany S, Odeh K. The role of tourists' emotional experiences and satisfaction in understanding behavioral intentions[J]. Journal of Destination Marketing & Management, 2013, 2 (2): 118—127.

⑧　Choo H, Petrick J F. Petrick Social interactions and intentions to revisit for agritourism service encounters[J]. Tourism Management, 2014, 40 (1): 372—381.

⑨　Altunel M C, Erkut B. Cultural tourism in Istanbul: The mediation effect of tourist experience and satisfaction on the relationship between involvement and recommendation intention[J]. Journal of Destination Marketing & Management, 2015, 4 (4): 188—192.

　　国外游客行为意向的研究有四个特征：第一，常与游客满意度关联探讨；第二，游客满意度与后续行为意向的关系是积极影响，正相关；第三，行为意向常见的三个指标是评价、重游、口碑推荐；第四，几乎都采用定量评价的研究方法，常用量表与软件有 Likert scale、SPSS、SEM 等。

　　在行为意向的探讨中，发现游客满意度与行为意向的关联性探讨占了大部分比例。其实行为意向是属于游客满意度的后续结果和探讨，大量研究证明游客满意度也决定着行为意向的选择，发生在购买之后的评判更能客观研究对后续行为的影响，从而构建起体验质量—满意度—行为意向的行为链，为培养游客忠诚度打下坚实基础。除此之外，还有部分研究发现体验质量同样对游客行为意向有着直接的影响作用，甚至大于对游客满意度的影响。

　　3. 本书研究

　　"游客对某一名胜做出怎样的评价？他们喜欢它吗？他们喜欢它些什么？他们和它之间是怎样互动的？这种互动能否被提升以使其更令人满意？"[①] 旅游体验是一种个性化需求[②]，同样的服务质量不同的游客却有评判差异，国外的游客满意度研究已经注意到了这一事实，并开展了针对性研究，但"国内有关游客满意度的研究中注重游客本身特征和类型的文章极少"。[③] 因此游客属性也应进入游客满意度和行为意向的考量范围，本书将游客人口学特征和偏好差异作为游客属性的观测点。

　　期望差异是早期游客满意度研究模型的主流，但是在后续研究中发现游客不一定有期望[④⑤]，或者游客满意度更多地取决于实地体验[⑥]，甚至单纯感知模

---

　　① 克里斯·瑞安（Chris Ryan）. 旅游科学研究方法——基于游客满意度的研究[M]. 李枚珍，王琳，译. 北京：旅游教育出版社，2012：2.

　　② 谢彦君，吴凯. 期望与感受：旅游体验质量的交互模型[J]. 旅游科学，2000，2：1—4.

　　③ 陈丽荣，苏勤. 我国游客满意度研究述评[J]. 资源开发与市场，2007，3：266—268.

　　④ Cronin J J，Taylor S A. Measuring Service Quality：A Reexamination and Extension[J]. Journal of Marketing，1992，56：55—68.

　　⑤ Liljander V，Strandvik T. Emotions in service satisfaction[J]. International Journal of Service Industry Management，1997，8（2）：148—169.

　　⑥ Halstead D，Hartman D，Schmidt L S. Multi source effects on thesatis faction formaion process[J]. Journal of the Academy of Marketing Science，1994，22：114—129.

型要好于期望差异①，因为实际感知是游客在内心已经将感知和期望进行比较过后的结果，更适合测量游客满意度②。中国的旅游点也符合单纯感知模型③，国内大众旅游者很少预先了解收集详细旅游目的地信息，因此出发前的期望并没有很明确的图景，因此本书将选用游客的实地感知来做满意度模型理论。

如果可以将消费者的行为进行预知，那么对产品的后续购买和改进将有重大作用，而对消费者未来是否采取某种行为最直接的预测就是了解他们采取该行为的意向④，因此把游客满意度及其行为意向放在一起来探究二者之间的相互作用是具有重要意义的⑤。

研究技术中采用的 SPSS 的统计最多，并较少深入继续分析。"结构方程模型在当今顾客满意度研究领域得到了广泛应用，它有效整合了统计学中'因子分析'和'路径分析'这两大主流技术，能够进行复杂的多变量数据分析。今后游客满意度研究应借鉴这一定量研究方法，从而提高研究手段的科学性。"⑥

2.2　理论基础

2.2.1　游客满意理论

已经有大量的学者对游客满意度进行研究，了解现有研究内容中的重点以及研究进展能更深刻地发现游客满意度的演进路径及学科领域，除了凭借学者的经验研究，还可以利用相关软件通过对文献信息的可视化分析，进行较为直观的识别。

---

① Cronin J J, Taylor S A. Measuring service quality: a reexamination and extension[J]. Journal of Marketing, 1992, 56: 55-68.

② Llosa S, Chandon J, Orsingher C. An Empirical Study of Servqual's Dimensionality [J]. Service Industries Journal, 1998, 18 (2): 16-44.

③ 史春云，刘泽华. 基于单纯感知模型的游客满意度研究[J]. 旅游学刊，2009，4: 51—55.

④ Fishbein M, Manrfedo M J. A theory of behavior change in influencing human behavior: theory and application in recreation tourism and nature resources management[M]. Fourth Edition, Mcgraw—Hill Book Co, 1996: 117.

⑤ Gyimothy S. Visitor perceptions of holiday experiences and service providers: an exploratory study[J]. Journal of Travel & Tourism Marketing, 2000, 8 (2): 57—74.

⑥ 汪侠，刘泽华，张洪. 游客满意度研究综述与展望[J]. 北京第二外国语学院学报，2010，1: 22—29.

　　Citespace II 可视化工具是由美国华人学者陈超美博士开发的一款主要用于计量和分析科学文献数据的信息可视化软件。Citespace II 能够对 CNKI 中的文献数据进行作者合作、关键词共现、机构合作等多种分析，可以用于探测和分析领域的研究热点变化趋势以及研究前沿与其知识基础之间、不同研究前沿之间的相互关系。在 CNKI 上搜索到 876 篇与游客满意度相关的文献，将数据导入 Citespace II，并进行相关参数设置，由于在 CNKI 数据库中使用的最早的游客满意度文献为 1995 年，所以 Citespace 界面中时区均为 1995～2014 年，时间跨度均为 1 年，数据抽取对象为 50。

　　关键词对文章主题进行了高度的概括和凝练，它不仅是一篇文献的核心与精髓，也是文献计量研究的重要指标。将网络节点选择为 "key words"，对 876 篇文献进行关键词共现分析，绘制出关键词分析可视化结果图，图 2.6 中靠近圆圈的关键词具有高中心性，是研究热点之间相互转化的重要转折点。

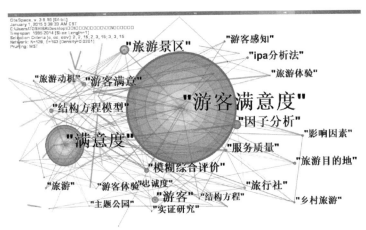

图 2.6　游客满意度领域关键词分析可视化结果图

　　在关键词知识图谱的基础上，以谱聚类的方法对共被引网络进行聚类，选取 TF-IDF 法则从施引文献 keyword 中抽词的结果对每个聚类进行自动标识，获取时间线程图，如图 2.7 所示。在聚类分析时间线程图中，每一个突显词左边相对应的线段长度代表其延续的年份。

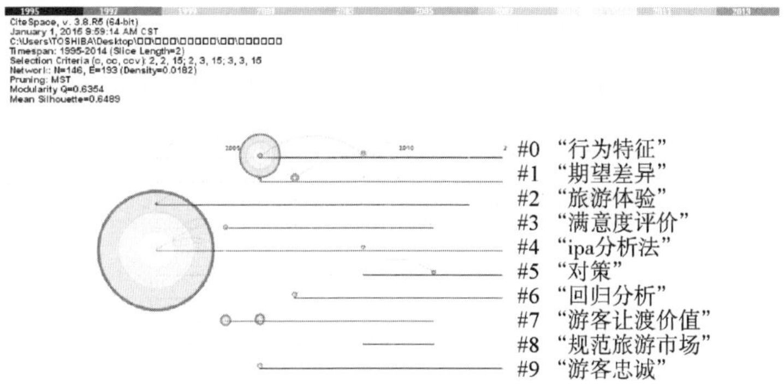

图 2.7　聚类分析时间线程图

游客满意度是衡量旅游产品的重要标尺,从其研究领域中的关键词分析可视化图中可以看出通过对满意度的因子测评,建立起游客满意度的实证量化研究,具体判断出影响因子,从而制定有效的改进策略,这已是主流趋势。而在聚类分析的时间线程图中,游客由于个体的人口学特征引发的行为特征差异,是当今游客在旅游体验追求个性化的诉求表达,因此古镇民宿旅游产品设计不能简单地"一刀切",应分类、定制化设计,才能真正培养起满意度的目标游客忠诚。

2.2.2　行为意向理论

游客的行为意向是在旅游体验结束后通过此次感受对未来旅游的一种预测,因此不仅涉及本次旅游,还会影响到未来旅游,这对旅游目的地的市场份额和品牌塑造都有着重要作用。常见的三种行为意向是:评价、推荐、重游。而口碑推荐是古镇民宿旅游产品的主力营销途径,所以游客的行为意向将是研究助力民宿旅游的可持续发展的重要因素之一。

2.2.3　产品创新理论

产品创新是随着市场的供给方或需求方的不断变化而产生的对产品的持续改进。而创新理论的首次提出更是为了解决企业的发展问题。被誉为"现代创新之父"的美籍奥地利经济学家约瑟夫·阿洛伊斯·熊彼特在他的《经济发展理论》中针对利润、资本、信贷、利息和经济周期运行系统进行了详细的分析,其中最引人注目的是提出了"创新理论"(innovation theory)。熊彼特所说的"创新""新组合"包括以下五种情况"①引进新产品，②引用新技术，即新的生产方法，③开辟新市场，④控制原材料的新供应来源，⑤实现企业的新组织"。① 古镇现阶段的民宿旅游产品也发展到了瓶颈阶段，只有采取有效的产品创新策略，才能满足游客的需求。

---

① 约瑟夫·熊彼特. 经济发展理论[M].何畏，易家详，等译. 北京：商务印书馆，2014.

第3章 我国民宿旅游产品发展概况

3.1 发展历程

3.1.1 民宿发展

我国约在 20 世纪 80 年代在乡村开始使用自家居住房屋作为接待游客的旅游产品是农家乐，以特有的乡村环境、农家菜肴等作为吸引要素，增加了村民的经济收入。主要产品也只是观赏乡村风景和农家菜，多为一日游，住宿很少。随着家庭旅馆的概念开始进入我国，农家乐逐步开始在原有观光、餐饮的基础上开始提供住宿产品，作为旅游旺季时的补充接待。

2000 年以后，随着休闲假期的增多，以及旅游电商的运营，游客个性化需求的时间基础和依托平台得到保障，住宿产品的形态也发生了多样性的变化：高端单体酒店、高端连锁酒店、经济单体酒店、经济连锁酒店、公寓式酒店、民宿。特别是 2009 年 12 月国务院公布的《国务院关于加快发展旅游业的意见》，确立了旅游产业作为国家战略支柱性产业的定位；2013 年 2 月公布《国民旅游休闲纲要（2013—2020 年）》，对休闲旅游发展做出政策指导。而随着网络旅游预订技术发展迅速，垂直搜索、商务搜索平台的建立增强了游客对比旅游产品的便利性，支付技术的发展保障了支付过程的安全性和便利性。2013 年中国人均 GDP 为 6767 美元，对于住宿产品的选择从传统的标准化酒店产品转向追求高品质、满足个性化需求的住宿产品上。而在供给端，乡村景区附近的农家乐开始进行转型升级，乡村民宿旅游产品呈爆发式增长。

在近三年的百度指数"民宿"搜索中可见大多数省份、直辖市都已出现民宿，搜索量最多的前 10 位是浙江、上海、广东、北京、江苏、山东、福建、四川、湖北、河南。可见民宿的数量尤以经济发达地区更为普遍，以兜售"生活情怀"的民宿成为休闲旅游中游客个性化的选择，目前内地民宿也还处于成长阶段，缺乏专业标准和规范，但是市场需求巨大，长三角民宿正以每年

10%～20%的速度在增长①。2015 年国务院办公厅印发《关于加快发展生活性服务业促进消费结构升级的指导意见》，指出"积极发展绿色饭店、主题饭店、客栈民宿、短租公寓、长租公寓、有机餐饮、快餐团餐、特色餐饮、农家乐等满足广大人民群众消费需求的细分业态。"这是"客栈民宿"首次出现在国家的政策性文件中，意味着民宿的政策红利时代即将到来。

在互联网信息化社会的进程中，民宿旅游产品也开始了"互联网＋"的运营，可以进行查询、预定、反馈，其在各种电商平台占领一席之地，并以多类型覆盖（表 3.1）。

表 3.1　民宿电商运营类型代表

类型	名称	网址
综合	携程	www. ctrip. com
	去哪儿	www. qunar. com
	艺龙	www. elong. com
专业	全民宿网	www. allminsu. com
	去民宿网	www. quminsu. com
区域(中国、国际)	疯狂民宿网	Zh. airbnb. com
	缤客民宿网	www. booking. com
	杭州民宿网	www. hzminsu. com
	苏州民宿网	www. suzhouminsu. com

3.1.2　民宿与农家乐的差异

民宿始于农家乐，虽然二者都有住宿、餐饮功能，但民宿又呈现出很多不同于农家乐的特色（表 3.2）。

从乡村旅游当前的实际现状来看，数量庞大的"农家乐"队伍仍然占据了主导地位，其"品味低端、产品单一、互动缺乏、消费力弱"等弊端已经暴露得十分明显。而以"品味特色、产品丰富、双向互动、消费力强"为特点的民宿已开始初露端倪，其中更有部分"精品民宿"堪称行业翘楚，逐渐被越来越多的游客所喜爱。

---

① 民宿旅游发展趋势"热"的背后应有冷思考[N].无锡日报，2015－11－29.

表 3.2 民宿与农家乐差异表

项目	民宿	农家乐
名称内涵	围绕"民"做特色：在参观旅游景区后，通过住宿在"本地之民"主人的个性化空闲房屋中，体验当地的民风民俗和特色休闲（房屋装饰、菜肴、节庆、技艺等）	以乡村自然环境和人文风俗为吸引，提供给游客餐饮、娱乐、住宿的乡村旅游接待设施
地理位置	城市、乡村	乡村
产品类型	观光、体验	观光
产品层次	大众、精品	大众
产品风格	双向：主客互动、人文交往浓厚	单向：游客个体

3.1.3 民宿类型

1. 按位置分

城市民宿：聚集在旅游目的地城市，以现代城市建筑风格为特色的住宿房屋。

乡村民宿：多以乡村景区或是地域特色资源为依托，建筑风貌、房间装饰、菜品小吃、民俗活动等富有浓郁的当地乡土气息。

2. 按产品功能分

民俗体验型民宿：聚集在当地特色手工技艺、节庆活动、歌舞表演等民俗旅游资源附近的民宿。

农情体验型民宿：聚集在乡野农村地区，拥有乡村独特的生产形态、生活形式、乡村风光、乡村居所等乡村旅游资源的民宿。

艺术体验型民宿：散布在城市或乡村，在音乐、绘画、书法、工艺品等艺术旅游资源附近的民宿。

休闲度假型民宿：聚集在温泉、海滨、浴场、森林等休闲度假旅游资源附近的民宿。

3. 按档次分

普通民宿：建筑材质一般，主客互动较弱，价格便宜，与同地区经济酒店的价格相比略低或持平。

精品民宿：建筑材质精美，主客互动强，价格较高，与同地区的四星级酒店的价格相比持平或高出。

3.2　民宿旅游产品构成与特点

3.2.1　民宿旅游产品构成

旅游产品是指游客在一次旅游过程中所能体验到的有形和无形的产品总和，具体构成包括食、住、行、游、购、娱以及相关服务，其中"游"以旅游吸引物为基础，是构成中的核心内容，而被誉为旅游三大支柱产业之一的旅游住宿对整体旅游产品的价值判断具有重要影响作用。它通过提供住宿和餐饮可以影响游客在旅游体验中的体力恢复与精神放松；它其中有形产品的质地可以让游客对产品价格做出明确的估价；它通过绿色技术和管理制度让游客对可持续发展养成了环保出行的习惯。旅游住宿产品的常见形式是星级、连锁或单体酒店，其构成包括住宿、餐饮、娱乐、会议、购物等，前两部分是基本也是核心构成。民宿旅游产品是属于旅游产品的住宿部分，它除了具备上述旅游住宿的功能外，在构成方面与酒店有些许的差异，作为"住"的新业态的民宿，其旅游产品一般构成有以下几个部分。

1．住宿

提供住宿的床、电视、网络和洗浴的卫生间。住宿的房间面积不一定大，但是，其材质、花色具备本地风格，并在房间中摆放本地特产。

2．餐饮

提供简单的便餐，还可根据游客个别要求进行餐饮定制，而有的民宿则不提供餐饮。

3．主客交往

主人和客人之间通过互动让民宿充满独特魅力，这就是"人情味"，从而在让游客深度体验时，还能留下美好回忆。这种"人情味"的交往多是介绍景色、推荐民俗、体验民俗、展示民俗、代订服务、提醒安全、聊天等。

3.2.2　民宿旅游产品特性

作为整体旅游产品的一部分，民宿旅游产品具有整体旅游产品的特点：第一，综合性，即有形和无形的结合。民宿旅游产品也是由周围环境、设施设备等有形产品和相关服务等无形产品组成的，是有形物品与无形经历的结合。第二，不可储存性。如果民宿今晚没有卖出去，那么销售机会就已经消失，不可能将今晚没有卖出去的价格加到第二天再买,空房所带来的损失是不能弥补的,所以具有不可储存性。第三,生产与消费不可分割。与整体旅游产品一样,民宿是需要游客来到旅游目的地后才能消费和体验的,必须来到服务现场进行参与。除此之外,民宿旅游产品还具有以下的自身特性。

1. 依附性

民宿的出现最初是作为旅游旺季时的住宿补充,大多都在旅游景区附近,所以具有很强的依附性。在台湾,学者通过回归分析发现民宿与休闲农渔业、风景特定区、海水浴场、高尔夫球场、国家公园、森林游乐区、温泉、湿地、古道、瀑布、水库湖泊、形象商圈商店街及观光游乐业有显著相关关联,说明民宿之发展与观光资源有关①。

2. 地方性

作为"小而美"非标准化住宿的民宿,其"美"的来源就在于充满着地方风味。建筑材质、房屋布局、屋内装饰、设备设施、餐饮菜肴、庭院设计等都呈现着本地风貌,不仅满足了游客的住宿功能,更是承担着深度体验的地方载体。

3. 交互性

深度体验的旅游除了投射在有形产品赋予地方性特征外,无形服务更是深化了游客的地方氛围体验,而这种无形服务来源于民宿中的主客交往的互动过程。主客的闲暇聊天、农事体验、景点咨询、安全提醒、代订服务等都让游客感觉到个性化、定制化需求的满足。而正是这种交互性让民宿充满了浓浓的"人情味"。

4. 家居性

AirBNB 的民宿广告语是"与房东互动,了解当地民俗",全民宿网的是"慢享生活之旅",去民宿网的是"不一样的旅行",去哪儿网的是"住的就是家"。民宿的确与传统的酒店住宿呈现出不一样的体验感,它摒弃了白床单,在装修风格、物品摆放、服务提供方面接地气,个性化、定制化,使游客感觉像在家一样舒适自如。

---

① 施君翰,林致远,陈羿文,等. 台湾民宿发展与观光资源之关联[J]. 观光与休闲管理期刊,2013,1:124-136.

依附性是由民宿的天然根基决定的，而地方性、交互性、家居性则都紧紧围绕着"民"，也真是有了"民"，民宿才有了最核心的灵魂，而这恰恰是与酒店、客栈的区别。

3.2.3　古镇民宿旅游产品

作为新型城镇化和全面小康建设中旅游扶贫的一种方式，古镇民宿被大量推广和培育。古镇民宿旅游产品研究的对象是民宿产权和经营权都属于村民自有，并且自己也还居住在民宿中。古镇民宿旅游产品一般都依托古镇景区，这些景区具备风景优美、空气清新、古朴自然、民风淳厚、节奏缓慢的特点，是游客悠闲放松、探幽访古的好去处。古镇民宿旅游产品的建筑风貌古旧、体量不大、价格便宜，并且很多民宿主人也还居住在里面。但目前它的问题有：地方文化渲染不够、民宿服务亟待提升、主客互动少、缺乏电商营销引领。其实在互联网的技术背景下，即使位置偏远的古镇、古村落民宿，也能够让游客找到并抵达，去领略地处偏远但环境优美的人文与自然风情，所以，民宿推广应与互联网深度结缘。

3.3　游客选择民宿的要素

3.3.1　要素梳理

民宿的大量涌现与国家政策、社会发展、经济增加、需求改变密不可分，但如果将目光聚集在游客视野，那他们选择民宿究竟会看重哪些要素呢？中国台湾地区的学者在这方面已经做了大量探索。

廖荣聪发现游客选择民宿的主要因素有"民宿特色体验""环境体验""社交追寻""服务口碑""实质效益"[①]。徐韵淑和黄韶颜进行了游客市场区隔分析，依据"选择民宿的动机因素"，以主成分分析进行因素萃取，萃取出四个因素：休闲娱乐取向、肯定自我取向、重视人情味取向、追求流行取向。并经由集群分析将游客区分为三群区隔市场，分别为：平易近人型、享受生活型、随意自我型。三个集群在"交通状况""室内装潢气氛及整体空间运用""庭园景观及四周环境景观""建筑型式应配合环境资源凸显地方特色""住宿/餐饮

---

① 廖荣聪. 民宿旅客投宿体验之研究[D]. 台中：朝阳科技大学，2003.

价格""纪念品/特产价格""邻近观光游憩资源信息的提供""代客订购当地产品的服务/提供交通接驳的服务""午晚餐的提供或安排""当地特殊之休闲游憩活动的安排""民宿主人的服务态度""农业体验活动"这 12 个民宿重视因素变项上达到显著性差异。显示三个消费族群对于"交通便利""整体景观质量""价格""服务质量"等因素感到相当重视。[①] 掌庆琳、张举成、高秋英以屏东县雾台村为例调查发现：观光原因主要为"少数民族部落的生活体验"；选择此民宿的原因方面，以"地区节庆/事件及安静/隐私"和"观赏自然风景"为主；游客希望民宿提供的房间设备应包含"独立的卫浴设备"，及希望房间内能够"看到风景/景观"；游客还认为民宿提供的服务应包含"民宿主人的热忱让你感到舒服"和"有家的气氛"。[②] 吴菊通过对台湾清境地区游客的调查，发现其对民宿选择考虑的因素，以"价格合理""主人亲切""安全环境""独特新颖""身心解放"为前五名，而以"交通便利性与否"为倒数第一名，倒数第二名为"团体的影响程度"，再依序为"风俗饮食与多样资源"[③]。

3.3.2　类型梳理

通过梳理发现，影响游客选择民宿的因素可以分成四大类型。

第一类：环境品质。包括"交通状况""庭园景观及四周环境景观""安全环境"。

第二类：房屋品质。包括"住宿/餐饮价格""纪念品/特产价格""室内装潢气氛及整体空间运用""独立的卫浴设备""午晚餐的提供或安排""观赏自然风景"。

第三类：服务品质。包括"邻近观光游憩资源信息的提供""代客订购当地产品的服务/提供交通接驳的服务""民宿主人的服务态度""民宿主人的热忱让你感到舒服""社交追寻""有家的气氛"。

第四类：特色品质。包括"民宿特色体验""建筑型式应配合环境资源凸显地方特色""当地特殊之休闲游憩活动的安排""农业体验活动""地区节庆/事件及安静/隐私""独特新颖""身心解放""风俗饮食与多样资源"。

---

①　徐韵淑，黄韶颜. 民宿游客市场区隔分析之研究[J]. 餐旅暨家政学刊，2004，1：67－86.
②　掌庆琳，张举成，高秋英. 原住民部落民宿概况——以屏东县雾台村为例[J]. 永续发展与管理策略，2009，1：25－31.
③　吴菊. 游客选择民宿关键之因素探讨[J]. 岛屿观光研究，2009，3：28－45.

　　四大选择类型涵盖了民宿旅游产品的有形和无形部分，内部配置和外部环境，这也搭建了比较完整的框架，并与民宿旅游产品的依附性、地方性、交互性、家居性特点紧密相关。而且所有类型的获得都是通过实地调研，对象是游客，所以支撑选择民宿的是游客满意理论。而且仔细观察，发现学者研究中还注意到了游客的个体偏好带来的选择差异。也就指出在后续研究中要关注游客的个体差异，才能促使古镇民宿由资源依托型向市场驱动型拓展，由住宿补充向构筑自身吸引力转型。

第 4 章 研究设计与分析方法

4.1 评价指标

民宿的游客满意度评价指标研究，应分为两个对象来看，一是民宿；二是游客。民宿方面考虑的既有民宿所处的外部环境影响，也有民宿自身的质量影响。而基于体验经济的演进和个人风格特性的允许和鼓励，游客方面考虑到当今社会其不再拘泥于同质化的标准服务，更喜欢的是有针对性的个性化产品，因此需要将游客个体的差异纳入评价体系中。

对游客满意度的评价指标有旅游景观、餐饮、交通、娱乐、购物、住宿、景区形象、基础设施、管理与服务[①]；或者是可进入性、讲解服务、旅游安全、环境卫生、游客容量、管理服务、观景设施、商品购物、景观品位、游览安排、基于景区门票价格的质量感受、对旅游景区的总体印象、景区特色[②]；或者是价格、居民态度、政府管理、业者态度[③]；或者是饮食环境、民族特色、风土气候、休闲娱乐和安全与管理[④]。可见旅游地、旅游景区的游客满意度的评价指标设计为外在环境、接待设施、服务水平等。

民宿旅游的独特之处是客人与主人要具有一定程度上的交流[⑤]；这种交流将对民宿的游客满意度和忠诚度起到重要联系的作用[⑥]；游客满意度指标有：经营管理、环境服务、基本设施、附属服务，而游客的满意度将会正面影响他

[①] 董观志，杨凤影. 旅游景区游客满意度测评体系研究[J]. 旅游学刊，2005，1：27—30.

[②] 梅虎，朱金福，汪侠. 基于灰色关联分析的旅游景区顾客满意度测评研究[J]. 旅游科学，2005，5：27—32.

[③] 史春云，刘泽华. 基于单纯感知模型的游客满意度研究[J]. 旅游学刊，2009，4：51—55.

[④] 张春琳. 乡村旅游游客满意度及再次游览意向影响因素研究——来自贵州省西江千户苗寨的经验证据[J]. 农业经济问题，2012，1：60—66.

[⑤] Alastair M M, Philip L P, Gianna M, et al. Special accommodation：definition，markets served，and roles intourism development[J]. Journal of Travel Research, (Summer), 1996：18—25.

[⑥] 欧圣荣，林奕君，柯嘉钧. 民宿关系品质模式之研究[J]. 户外游憩研究，2008，2：43—65.

们的再宿意愿①。

大理古城民居客栈中外游客满意度的人口特征差异的对比研究②中设计的人口指标有：性别、年龄、月收入、职业、学历；游客在民宿进行消费时，其行为与游客特性有关③。因此游客层面将涉及人口学特征和选择偏好。

行为意向的指标主要有重游、推荐④、口碑宣传⑤，而针对民宿产品更为贴切的是否再宿意愿⑥。

综合上述研究，民宿的游客满意度评价指标除了要具备旅游景区的指标外，还需加入文化交往。体验不同地域的百姓生活方式和滋味已是游客从简单的观光旅游产品转向深度旅游的一个标志，住宿不再是简单地"住一晚"，而是体验目的地风土人情和文化底蕴的延伸，如果能住在百姓家里则是理想选择，民宿则是这种标志延伸的载体。对于游客属性差异的指标将会考虑人口学特征和选择偏好。

4.2　概念模型

本书的游客涉及人口学和个人偏好特征两个指标，游客满意度包含区位环境满意度、文化交往满意度、硬件设施满意度、软件服务满意度、价格满意度五个指标，游后行为意向涉及评价、再宿、推荐三个指标。具体的概念模型图和研究路径图如图4.1和图4.2。

---

① 梅国忠，朱宗纬，谢尧宏，等. 运用多层次分析探讨影响民宿顾客满意度与再宿之因素[J]. 乡村旅游研究，2012，1：29—44.

② 龙肖毅. 大理古城民居客栈中外游客满意度的人口特征差异的对比研究[J]. 大理学院学报，2009，3：25—28.

③ 王美慧，陈瑞龙，叶陈锦. 民宿旅客之消费行为探讨——以花莲地区为例[J]. 户外游憩研究，2006，4：1—30.

④ 刘力，吴慧. 旅游动机及其对游客满意和游后行为意向的影响研究——以九华山韩国团体旅游者为例[J]. 旅游论坛，2010，2：147—152.

⑤ 王朝辉，陆林，夏巧云. 基于SEM的重大事件国内游客感知价值及行为意向关系研究——2010上海世博会为例[J]. 地理研究，2011，4：735—746.

⑥ 梅国忠，朱宗纬，谢尧宏，等. 运用多层次分析探讨影响民宿顾客满意度与再宿之因素[J]. 乡村旅游研究，2012，1：29—44.

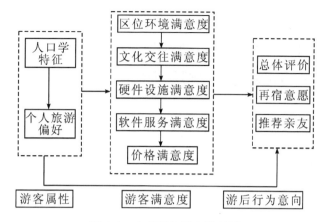

图 4.1　本书研究概念模型图

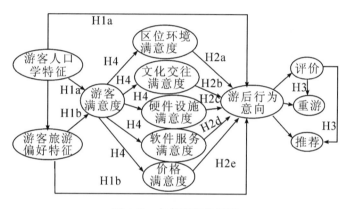

图 4.2　本书研究路径图

4.3　研究假设

"游客总体满意度不同于单方面的满意度，也不是任何单方面因素所能够决定的，而是由诸多因素共同影响的。"在这些因素中，它们各自影响着游客满意度怎样的变化？是积极还是消极？是有差异还是无差异？游客行为意向与游客满意度紧密相关，大部分研究都表明游客满意度对游后行为意向有积极影响。因此基于上述思考，先归纳出以下研究假设。

性别、年龄、文化程度、收入、职业等游客样本的人口学特征对满意度的感知有明显差异①，在服务品质、游憩体验的满意度上不同游客属性差异较大②；不同国籍的游客更是如此，他们在满意度和行为意向上都有明显差异③④，因此提出假设 1a。H1a：游客人口学特征对满意度和游后行为意向有显著影响。

不同消费偏好类型的游客在满意度指标上的表现会不一样⑤；游客特性会对满意度有差异影响⑥；个人涉入度对生态住宿产品的环保行为意向有差异；不同出游动机、选择方式的游客其满意度有差异⑦⑧。因此提出假设 1b。H1b：游客旅游偏好对满意度和游后行为意向有显著影响。

可进入性高则满意度高⑨，旅游环境对满意度有着正向影响⑩，自然资源环境、历史文化环境、地方社会环境的感知高则满意度高，对游客的重游有着积极作用⑪。因此提出假设 2a。H2a：区位环境满意度对游后行为意向正相关。

主客交融也会提高游客满意度⑫，与当地人的聊天等交往会对满意度有积

① 史春云，刘泽华. 基于单纯感知模型的游客满意度研究[J]. 旅游学刊，2009，4：51—55.

② 陈慧玲，吴英伟. 游客对民宿服务品质与游憩体验之关联性研究：以屏东雾台民宿为例[J]. 行销评论，2009，2：299—328.

③ 龙肖毅. 大理古城民居客栈中外游客满意度的人口特征差异的对比研究[J]. 大理学院学报，2009，3：25—28.

④ 谢桂敏，赵湘湘. 大陆与日本赴台游客行为意向的对比分析[J]. 旅游论坛，2010，4：473—480.

⑤ 徐韵淑，黄韶颜. 民宿游客市场区隔分析之研究[J]. 餐旅暨家政学刊，2004，1：67—86.

⑥ 王美慧，陈瑞龙，叶陈锦. 民宿旅客之消费行为探讨——以花莲地区为例[J]. 户外游憩研究，2006，4：1—30.

⑦ 刘静艳，王郝，陈荣庆. 生态住宿体验和个人涉入度对游客环保行为意向的影响研究[J]. 旅游学刊，2009，8：82—88.

⑧ 李江敏. 环城游憩体验价值与游客满意度及行为意向的关系研究[D]. 武汉：中国地质大学，2011.

⑨ 梅虎，朱金福，汪侠. 基于灰色关联分析的旅游景区顾客满意度测评研究[J]. 旅游科学，2005，5：27—32.

⑩ 蒋蓉华，焦俊刚，刘曲华. 基于绩效棱柱和模糊综合评价法的西部旅游地区游客满意度评价模型的构建——以云南丽江为例[J]. 安徽农业科学，2010，13：6950—6953.

⑪ 卢韶婧，张捷，张宏磊，等. 旅游地映象、游客满意度及行为意向关系研究——以桂林七星公园为例[J]. 人文地理，2011，4：121—125.

⑫ 郑诗华. 农村民宿之经营与管理[J]. 户外游憩研究，1992，5：13—24.

极影响[①]，当地居民的热情程度高则满意度高[②]，主客之间的良好互动关系会增加游客正面评价[③]，居民态度、业者态度对满意度有着正向影响[④]。因此提出假设 2b。H2b：文化交往满意度对游后行为意向正相关。

餐饮、住宿、交通、娱乐、购物的设施的相关系数与满意度值双高[⑤]；观景设施好则满意度高[⑥]；房间设施充足会带来高满意度，并能促发游客正面评价[⑦]。因此提出假设 2c。H2c：硬件设施满意度对游后行为意向正相关。

餐饮、住宿、交通、娱乐、购物的服务的相关系数与满意度值双高[⑧]，讲解服务、管理服务好则满意度高，服务类型多样有助于增加满意；旅游服务对满意度有积极影响[⑨]，服务属性对游客的满意度和忠诚度都有正面影响[⑩]。因此提出假设 2d。H2d：软件服务满意度对游后行为意向正相关。

价格感知好则满意度较高[⑪]，价位适宜则满意度高，对游客的推荐等行为也有积极作用[⑫]。因此提出假设 2e。H2e：价格满意度对游后行为意向正相关。

满意的游客其重游和推荐的可能性较高[⑬]；游客的整体满意度对行为意向

---

① Alastair M M，Philip L P，Gianna M，et al. Special accommodation：definition，markets served，and roles intourism development[J]. Journal of Travel Research，（Summer），1996：18—25.

② 董观志，杨凤影. 旅游景区游客满意度测评体系研究[J]. 旅游学刊，2005，1：27—30.

③ 林舜涓，蔡佳燕，邱丽文. 由住宿体验提高顾客之行为意向——以花莲民宿为例[J]. 观光旅游研究学刊，2007，2：73—92.

④ 史春云，刘泽华. 基于单纯感知模型的游客满意度研究[J]. 旅游学刊，2009，4：51—55.

⑤ 连漪，汪侠. 旅游地顾客满意度测评指标体系的研究及应用[J]. 旅游学刊，2004，5：9—13.

⑥ 梅虎，朱金福，汪侠. 基于灰色关联分析的旅游景区顾客满意度测评研究[J]. 旅游科学，2005，5：27—32.

⑦ 掌庆琳，张举成，高秋英. 原住民部落民宿概况——以屏东县雾台村为例[J]. 永续发展与管理策略，2009，1：25—31.

⑧ 连漪，汪侠. 旅游地顾客满意度测评指标体系的研究及应用[J]. 旅游学刊，2004，5：9—13.

⑨ 卢韶婧，张捷，张宏磊，等. 旅游地映象、游客满意度及行为意向关系研究——以桂林七星公园为例[J]. 人文地理，2011，4：121—125.

⑩ 郭幸萍，吴纲立. 民宿业之服务属性对顾客行为意图的影响——以关系品质为中介变数[J]. 户外游憩研究，2012，4：51—78.

⑪ 梅虎，朱金福，汪侠. 基于灰色关联分析的旅游景区顾客满意度测评研究[J]. 旅游科学，2005，5：27—32.

⑫ 董观志，杨凤影. 旅游景区游客满意度测评体系研究[J]. 旅游学刊，2005，1：27—30.

⑬ 史春云，刘泽华. 基于单纯感知模型的游客满意度研究[J]. 旅游学刊，2009，4：51—55.

具有显著影响①；满意度高的游客对其后续的重游和推荐行为有积极影响；游客满意度正面影响再宿意愿②。因此提出假设 3。H3：游客行为意向的满意度评价对再宿或推荐正相关。

区位环境满意度、文化交往满意度、硬件设施满意度、软件设施满意度、价格满意度除了对行为意向各自作用外，五种满意度之间的相互影响的关系、路径和大小也是本研究所关注的，但是目前对这些满意度内在的影响机理研究的并不多，对相互的影响先提出关系假设 4。H4：区位环境满意度、文化交往满意度、硬件设施满意度、软件设施满意度、价格满意度之间彼此显著影响。

4.4　分析方法

在实地调研和访谈后，对于所取得的资料——问卷、访谈文本进行数据分析。主要使用统计的计量软件有 SPSS 和 SEM。SPSS 可以对数据进行录入、整理和分析，可以检验问卷的设计是否合理，还能用做描述性统计和相关性分析。结构方程模型（structural equation modeling，简称为 SEM），它是广泛应用于社会科学的一种线性建模统计技术，即"能够使研究人员在分析中能够处理测量误差，又可分析潜在变量之间的结构关系。"③ PLS（partial Least Squares)偏最小二乘回归的研究焦点是多因变量对多自变量的回归建模，并且是在变量系统中提取若干对系统具有最佳解释能力的新综合变量（又称成分），然后对它们进行回归建模。偏最小二乘回归可以将建模类型的预测分析方法与非模型式的数据内涵分析方法有机地结合起来，可以同时实现回归建模、数据结构简化（主成分分析）以及两组变量间的相关性分析（典型相关分析），即集多元线性回归分析、典型相关分析和主成分分析的基本功能为一体。因为顾

① 傅行衍，李宗儒，曾敏雅. 体验行销模式对民宿游客行为意图影响之研究——以南投县鹿谷乡小半天为例[J]. 服务业管理评论，2010，8：125－149.
② 梅国忠，朱宗纬，谢尧宏，等. 运用多层次分析探讨影响民宿顾客满意度与再宿之因素[J]. 乡村旅游研究，2012，1：29－44.
③ 刘新燕，刘雁妮，杨智，等. 构建新型顾客满意度指数模型——基于 SCSB、ACSI、ECSI 的分析[J].南开管理评论，2003，6：52－56.

客满意度、忠诚度的影响因素有很多，各个因素影响权重也不一样，再加之各顾客也会有差异，所以用 PLS 会比较适宜①②。通过分析变量之间的关系来测度游客满意度，同时分析出各变量对游客满意度影响程度的大小，从而可以定量地研究民宿旅游产品在哪些方面改进可以提高游客满意度。

---

① 沈阿强，季婷，娄健. 基于 PLS－SEM 模型的电信客户忠诚度研究［J］. 北京邮电大学学报（社会科学版），2007，4：45－50.

② 凌元辰，曹力，白京. 基于 PLS－SEM 模型的民航客户忠诚度研究［J］. 中国管理科学，2009，2：140－145.

第5章　实证研究

5.1　问卷设计

5.1.1　问卷测量方法

2014 年 9 月 12～21 日，在平乐的古镇核心景区进行了实地调研。发放问卷 270 份，回收 246 份，回收率为 91.1%，其中有效问卷 228 份，有效率为92.7%。对每一位接受问卷或访谈的游客赠送小礼品。

5.1.2　量表设计

问卷共分为八部分，第一部分是受访者背景资料，包括性别、年龄、学历、职业、月平均收入、家庭结构、来源。第二部分是个人旅游偏好，包括选择原因、预订渠道、首要决定条件、停留天数、旅游同行、旅游消费、旅游动机、交通工具、解决纠纷等。第三部分是区位环境满意度，包括交通、标识、卫生、空气、景色等。第四部分是文化交往满意度，包括介绍、特色、民俗体验、聊天等。第五部分是硬件设施满意度，包括房间设施、饮食设施、休闲设施、安全设施等。第六部分是软件服务满意度，服务形象、技能、咨询、代订等。第七部分是价格满意度，包括住宿、餐饮、纪念品、娱乐、代订等。第八部分是游后行为意向，包括总体评价、再次选择、推荐给亲朋等。可以看出前两部分是受访者个人属性情况，采用单选或多选；第三至第七部分是游客各满意度，第八部分是游后行为意向，采用李克特 5 分制量表形式，"1"代表很不满意，"2"代表不太满意，"3"代表一般，"4"代表比较满意，"5"代表很满意（表 5.1、表 5.2）。

表 5.1　量表问题项判断形式

很不满意	不太满意	一般	比较满意	很满意
1	2	3	4	5

表 5.2　平乐古镇民宿旅游产品游客满意度量表设计

序号	题号	评价指标	问题项	设计来源
一、受访者背景资料	1.1	性别	您的性别是	徐韵淑和黄韶颜（2004）；史春云和刘泽华（2009）；龙肖毅（2009）；Kozak（2001）
	1.2	年龄	您的年龄是	徐韵淑和黄韶颜（2004）；史春云和刘泽华（2009）；龙肖毅（2009）；Kozak（2001）
	1.3	学历	您的学历是	徐韵淑和黄韶颜（2004）；史春云和刘泽华（2009）；龙肖毅（2009）
一、受访者背景资料	1.4	职业	您的职业是	徐韵淑和黄韶颜（2004）；史春云和刘泽华（2009）；龙肖毅（2009）；M. Kozak,（2001）
	1.5	月平均收入	您的月平均收入是	徐韵淑和黄韶颜（2004）；史春云和刘泽华（2009）；龙肖毅（2009）；M. Kozak（2001）
	1.6	家庭结构	您的家庭结构是	徐韵淑和黄韶颜（2004）
	1.7	来源	您来自于	龙肖毅（2009）；M. Kozak（2001）
二、受访者旅游偏好	2.1	选择原因	选择民宿而不选择酒店的原因是	徐韵淑和黄韶颜（2004）；掌庆琳等（2009）；吴菊（2009）
	2.2	预订渠道	居住民宿的是预定渠道是	廖荣聪（2003）；徐韵淑和黄韶颜（2004）；王美慧等（2006）
	2.3	首要决定条件	选择民宿的首要条件是	廖荣聪（2003）；徐韵淑和黄韶颜（2004）；王美慧等（2006）
	2.4	停留天数	在民宿居住的时间是	王美慧等（2006）；李江敏（2011）
	2.5	旅游同行	本次来旅游的陪伴是	王美慧等（2006）；李江敏（2011）
	2.6	旅游消费	本次旅游的消费是	徐韵淑和黄韶颜（2004）；王美慧等（2006）；李江敏（2011）；Kozak（2001）；Yoon and Uysal（2005）
	2.7	旅游动机	本次的出游动机是	徐韵淑和黄韶颜（2004）；王美慧等（2006）；李江敏（2011）；Kozak（2001）；Yoon and Uysal（2005）
	2.8	交通工具	本次的交通工具是	王美慧等（2006）
	2.9	解决纠纷	出现纠纷，您的解决方法是	访谈

序号	题号	评价指标	问题项	设计来源
三、区位环境满意度	3.1	交通环境	交通便利	梅虎等(2005)
	3.2	标识情况	标识清楚	梅虎等(2005)
	3.3	卫生环境	街道干净	梅虎等(2005)
	3.4	空气质量	空气清新	张春琳(2012)
	3.5	景色情况	景色优美	梅虎等(2005);张春琳(2012)
四、文化交往满意度	4.1	介绍景色	民宿主人向你介绍旅游景点特色	Alastair 等(1996);郭幸萍和吴纲立(2013)
	4.2	推荐民俗	民宿主人向你推荐地方节庆活动	林舜涓 等（2007）；Alastair 等（1996）；Choo 和 Petrick(2014)
	4.3	体验民俗	民宿主人邀你参加乡间采摘、技艺体验	林舜涓 等（2007）；Alastair 等（1996）；Choo 和 Petrick(2014)
	4.4	展示民俗	民宿主人向你展示地方歌舞	Alastair 等（1996）；Choo 和 Petrick(2014)
	4.5	销售特产	民宿主人向你兜售地方特色商品	访谈
	4.6	提醒安全	民宿主人向你进行安全提醒	访谈;郭幸萍和吴纲立(2013)
	4.7	一起聊天	民宿主人与你一起聊家常	史春云和刘泽华(2009);郭幸萍和吴纲立(2013);Alastair 等(1996);Choo 和 Petrick(2014)
	4.8	成为朋友	民宿主人与你成为了朋友	欧圣荣 等（2008）；林舜涓 等（2007）；Hyungsuk Choo,James F. Petrick(2014)
	4.9	有人情味	民宿主人亲切友善,有人情味	郑诗华(1992);欧圣荣等(2008);郭幸萍和吴纲立(2013)

续表

序号	题号	评价指标	问题项	设计来源
五、硬件设施满意度	5.1	装修特色	房间装修风格有地方特色	掌庆琳等（2009）；张春琳（2012）
	5.2	电视、座椅、床	房间有电视、座椅、床	掌庆琳等（2009）
	5.3	卫生间	房间有独立的洗浴卫生间	掌庆琳等（2009）
	5.4	网络	房间有网络设施	掌庆琳等（2009）
	5.5	空调	房间有空调	掌庆琳等（2009）
	5.6	基本用品	房间有基本用品（如拖鞋等）	掌庆琳等（2009）
	5.7	房间卫生	房间清洁卫生	掌庆琳等（2009）
	5.8	饮食份量	饮食份量足	张春琳（2012）
	5.9	饮食特色	提供乡间特色菜	张春琳（2012）
	5.10	饮食味道	饮食味道好	张春琳（2012）
	5.11	饮食卫生	饮食卫生好	张春琳（2012）
	5.12	饮食介绍	提供饮食烹饪特色介绍	访谈
	5.13	消防设备	有消防设备（如灭火器）	史春云和刘泽华（2009）；张春琳（2012）
	5.14	防盗设备	有安全防盗设备（如防盗门窗等）	史春云和刘泽华（2009）；张春琳（2012）
	5.15	使用说明	有安全使用说明或提醒	张春琳（2012）
	5.16	娱乐设施	提供娱乐设施（如唱歌、麻将、棋牌等）	连漪和汪侠（2004）
	5.17	休闲设施	出租休闲设施（如自行车等）	连漪和汪侠（2004）；史春云和刘泽华（2009）

序号	题号	评价指标	问题项	设计来源
六、软件服务满意度	6.1	服务形象	服务员形象整洁(仪容、仪表)	董观志和杨凤影(2005);陈慧玲和吴英伟(2009)
	6.2	服务态度	服务态度友好,热情、耐心	董观志和杨凤影(2005);陈慧玲和吴英伟(2009);郭幸萍和吴纲立(2013)
	6.3	服务咨询	服务咨询全面,较详细	董观志和杨凤影(2005);陈慧玲和吴英伟(2009);郭幸萍和吴纲立(2013)
	6.4	服务速度	服务速度敏捷	陈慧玲和吴英伟(2009);郭幸萍和吴纲立(2013)
	6.5	服务技巧	服务技巧专业	陈慧玲和吴英伟(2009);郭幸萍和吴纲立(2013)
	6.6	投诉处理	投诉处理及时、有效	董观志和杨凤影(2005)
	6.7	代订服务	提供代订服务(如门票等)	访谈
七、价格满意度	7.1	住宿	住宿价格	梅虎等(2005);史春云和刘泽华(2009)
	7.2	餐饮	餐饮价格	梅虎等(2005);史春云和刘泽华(2009)
	7.3	纪念品	纪念品价格	梅虎等(2005);史春云和刘泽华(2009)
	7.4	娱乐	娱乐价格	梅虎等(2005);史春云和刘泽华(2009)
	7.5	代订	代订价格	访谈
八、游后行为意向	8.1	总体评价	您对这家民宿总体评价是满意的	欧圣荣等(2008);梅国忠等(2012);Hosany 和 Prayag(2013)
	8.2	再宿意愿	下次还会选择这家民宿	欧圣荣等(2008);卢韶婧等(2011);梅国忠等(2012);Hosany 和 Prayag(2013)
	8.3	推荐意愿	会向亲戚朋友推荐这家民宿	欧圣荣等(2008);卢韶婧等(2011);梅国忠等(2012);Hosany 和 Prayag(2013)

5.2　样本基本情况统计

表 5.3　样本人口学特征统计表

		人数/N	百分比/%
性别	男	109	47.8
	女	119	52.2
年龄	18 岁以下	18	7.9
	18~28 岁	93	40.8
	29~40 岁	61	26.8
	40~55 岁	45	19.7
	55 岁以上	11	4.8
学历	小学	14	6.2
	中学	68	29.8
	大专及本科	135	59.2
	研究生及以上	11	4.8
职业	工人	31	13.6
	农民	21	9.2
	专业技术人员	32	14.1
	企事业单位管理人员	44	19.3
	离退休人员	11	4.8
	个体户	10	4.4
	学生	36	18
	家庭主妇	16	7
	其他	27	11.8
月收入	1000 元以下	59	25.8
	1001~3000 元	62	27.2
	3001~5000 元	70	30.7
	5000~10000 元	25	11
	10000 元以上	12	5.3

		人数/N	百分比/%
家庭结构	未婚	74	32.5
	已婚无孩子	27	11.8
	孩子未成年	57	25
	孩子已成年	48	21.1
	其他	22	9.6
来自于	成都	146	64
	四川省(除成都外)	51	22.4
	其他省份	24	10.5
	港澳台	4	1.8
	其他国家	3	1.3

从进入分析的样本来看男女比例适中，多为青年和中年人，大专及本科层次的比例最高，约占 59.2%，这也和国家的经济发展、教育改革、高等教育的大众化策略相关。职业分布较为均衡，包括工人、农民、专业技术人员、企事业单位管理人员、离退休人员、个体户、家庭主妇、学生和其他。月收入中3001~5000 元的比例最多，家庭结构中未婚的最多，约占 32.5%，游客来源64%是成都人，其次是出成都外的省内游客，再次是其他省份、港澳台和外国游客，可见平乐主要是以成都本地游客为主（表 5.3）。

表 5.4　样本旅游偏好统计表

		N/人	百分比/%
选择民宿的原因 （多选）	价格便宜	68	24.5
	离景区近	60	21.7
	能体验地方风情	100	36.1
	有家的感觉，有人情味	49	17.7
民宿预定渠道	网站	47	20.6
	电视、报刊	13	5.7
	微博或微信	14	6.1
	他人推荐	45	19.7
	临时找的	109	47.9

		N/人	百分比/%
选择民宿的首要条件	价格便宜	59	25.9
	房屋舒适	110	48.2
	主人友好	19	8.3
	风光优美	29	12.7
	特色体验	11	4.9
居住时间	1~2 天	137	60.1
	3~4 天	39	17.1
	5~6 天	5	2.3
	不定	47	20.6
出游方式	独自	9	3.9
	与家人一起	143	62.7
	与朋友一起	70	30.7
	单位组织	1	0.4
	其他	5	2.2
旅游消费	小于 200 元/天	71	31.2
	201~500 元/天	122	53.5
	501~800 元/天	26	11.4
	801~1000 元/天	6	2.6
	大于 1001 元/天	3	1.3
出游动机	观赏风景	65	28.5
	休闲度假	143	62.7
	健身康体	12	5.3
	会议商务	0	0
	教育孩子	5	2.2
	其他	3	1.3
交通工具	自驾车	154	67.6
	自行车	5	2.2
	公共交通	52	22.8
	拼车	7	3.1
	旅行团	1	0.4
	其他	9	3.9

		N/人	百分比/%
解决方法	与民宿主人协商解决	140	61.4
	请村民组织解决	9	3.9
	报警	68	29.9
	其他	11	4.8

来到平乐的游客，选择民宿的主要原因是能体验地方风情和价格便宜，这两项的比例之和达到了 60.6%，看来民宿的个性表达、地方文化的融入以及价格优势是吸引游客的重要因素。房屋舒适成为评判民宿的首要条件，这也凸显了民宿的主要功能——"住"，并且部分游客在舒适性和价格的比较中，会更加看中舒适性。预定民宿渠道中 47.9% 的游客是"临时找的"，一方面再次验证近半数的游客出游前没有具体的住宿计划，随意性强。20.6% 的游客通过"网络预订"，体现了互联网营销在民宿中的一席之地，此外还有 19.7% 是"他人推荐"，由此可见在游客游后行为意向中"推荐亲友"的重要性。到平乐旅游的游客 93.4% 是与家人和朋友一起，主要动机是休闲度假和观赏风景，67.6% 的交通工具是自驾车，多数停留 1～2 天，如果与民宿发生纠纷，61.4% 的游客会采取与民宿主人协商解决的途径（表 5.4）。

5.3　结构方程模型分析

5.3.1　信度分析

对于形成式变量，权重体现了各项题项对潜变量贡献度的大小，对于反映式的变量，标准化荷载系数代表着题项与其潜变量之间的共同方差大于问项与误差方差之间的共同方差，标准化荷载系数值应该大于 0.7，表明题项能够很好地测验对应的潜变量。AVE(average variance extracted)值，也称平均方差萃抽取量，用于测试反映式变量的聚敛效度。AVE 可以测量由于测量误差所引起潜变量从其观测变量处获取解释时的方差，它反映一个潜变量能够被一组观测变量有效估计的聚敛程度指标。AVE 的判别临界值为 0.5，即当 AVE 在

0.5 以上时，表明观测变量被其潜变量解释的变异量远高于被其测量误差解释的变异量，说明构建的测量指标比较合理。组合信度（composite reliability，CR）可以衡量同属于一个潜变量的一组观测变量的一致性程度。如果 CR 数值越高，表示观测变量间具有高度的内在关联；一般认为，组合信度大于 0.7 时，说明潜在变量具有较好的组合信度（Chin et al.，1998）。表 5.5 的结果表明，区位满意度变量中，题项"标识清楚""空气清新"对应的 T 值低于 1.96，表明这两个题项不能测量区位满意度，应该予以删除后做进一步分析；文化交往满意度中，题项"邀请体验""展示歌舞""成为朋友"对应的 T 值低于 1.96；硬件设施满意度中，题项"基本用品""烹饪特色介绍""安全使用说明""娱乐设施""休闲设施"对应的 T 值低于 1.96；软件服务满意度变量中，题项"形象整洁""咨询全面"对应的 T 值低于 1.96；价格满意度变量中，题项"娱乐价格"对应的 T 值低于 1.96；以上题项信度较低，删除后做进一步分析。

表 5.5　形成式变量信度分析

潜变量	题项	权重系数	T 值
区位满意度	交通便利	0.333	2.799
	标识清楚	0.182	0.989
	街道干净	0.395	3.014
	空气清新	0.157	0.622
	景色优美	0.344	2.948
文化交往满意度	介绍景点特色	0.353	3.188
	推荐地方节庆	0.391	3.288
	邀请体验	0.099	0.340
	展示歌舞	0.296	0.976
	兜售特色商品	0.398	3.802
	安全提醒	0.324	2.535
	聊家常	0.322	2.366
	成为朋友	0.108	0.814
	亲切友善	0.386	3.280

潜变量	题项	权重系数	T 值
硬件设施满意度	装修特色	0.422	4.359
	电视座椅等	0.449	4.498
	独立卫生间	0.326	3.030
	网络设施	0.378	3.894
	空调	0.327	3.107
	基本用品	0.066	0.253
	清洁卫生	0.427	4.376
	分量足	0.429	4.130
	特色菜	0.457	4.627
	饮食味道好	0.421	4.062
	饮食卫生	0.344	3.132
	烹饪特色介绍	0.189	0.989
	消防设备	0.359	3.210
	防盗设备	0.375	3.274
	安全使用说明	0.029	0.110
	娱乐设施	0.150	0.736
	休闲设施	0.114	0.592
软件服务满意度	形象整洁	−0.026	0.110
	态度友好	0.267	2.848
	技巧专业	0.415	4.910
	速度敏捷	0.346	3.617
	咨询全面	−0.054	0.221
	处理及时	0.621	5.412
	代订服务	0.319	4.174
价格满意度	住宿价格	0.401	4.651
	餐饮价格	0.389	3.942
	娱乐价格	0.242	1.205
	纪念品价格	0.239	3.199
	代订价格	0.286	3.418

反映式变量的信度分析结果如表 5.6 所示，可以看出，各题项的荷载系数都在 0.7 以上，组合信度值也大于 0.7，AVE 值大于 0.5，因此，游后行为意

向的题项满足收敛效度和信度要求。

表 5.6 反映式变量信度分析

变量	题项	荷载系数	T 值	组合信度(CR)	AVE
游后行为意向	评价满意	0.895	37.673	0.953	0.871
	继续选择	0.950	72.004		
	推荐朋友	0.954	86.331		

5.3.2 假设结果检验

1. 拟合系数(R Square)

拟合系数 R^2 可以评价 PLS 路径模型中对内部关系解释的效果，R^2 数值越大，表明内生潜变量未能被模型解释的方差越小，游后行为意向的 R^2 数值为 0.594，系数较高，说明分项满意度能够解释大部分的游后行为意向。文化交往满意度的 R^2 数值为 0.342，说明区位环境满意度能够解释文化交往满意度 34.2% 的变化量；硬件设施满意度的 R^2 数值为 0.531，说明区位环境满意度和文化交往满意度总共能够解释硬件设施满意度 53.1% 的变化量；软件服务满意度的 R^2 数值为 0.520，说明区位环境满意度、文化交往满意度以及硬件设施满意度能解释 52% 的软件服务满意度变化量；价格满意度的 R^2 数值为 0.411，说明区位环境满意度、文化交往满意度、硬件设施满意度以及软件服务满意度能够解释 41.1% 的价格满意度。

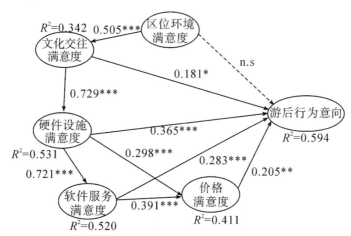

* * * $P < 0.001$；* * $P < 0.01$；* $P < 0.05$；n. s：non-significant（不显著）

图 5.1 路径系数检验结果图

利用 PLS 中的 bootstrap 检验路径系数的显著性，结果如图 5.1 和表 5.7 所示，可以看出，文化满意度、硬件设施满意度、软件服务满意度、价格满意度对游后行为意向都具有显著的影响，对应的 T 值均大于 1.96；而区位满意度对游后行为意向没有显著的影响，对应的 T 值小于 1.96。具体来看，硬件设施对游后行为意向的影响最大，路径系数为 0.365，其次是软件服务满意度对游后行为意向的影响，路径系数为 0.283，文化交往满意度对游后行为意向的影响较小，路径系数为 0.181。因此，假设 H2b～H2e 成立，而 H2a 不成立。

区位环境满意度是针对民宿所在的平乐整体的地理、景区环境而言，而景区内的民宿彼此在这点上相差很小，所以单体的民宿选择在整体的区位环境满意度上对游客的游后行为意向影响不显著。民宿的基本功能是住宿，所以游客对硬件设施的要求最高，这也最能影响游后行为意向。住宿中，当硬件设施出现问题时，民宿的服务态度与质量也直接影响着游客体验和满意，所以软件服务满意度对游后行为意向的影响位居第二。在旅游偏好中的调查显示，游客选择民宿最主要原因是能体验地方风情，而地方风情又体现在民宿与游客静态（装修风格、物件摆设等）或动态（聊天、咨询等）的文化交往中，所以文化交往对游客游后行为意向有影响，并紧随其后。价格体现着游客的支付成本和期望，所以价格满意度对游后行为意向也有显著影响。从影响的重要度顺序来看，目前到平乐住宿游客的游后评判还是主要以物质条件为基础。

区位环境满意度对文化交往满意度有显著的影响，影响系数为 0.505；文化交往满意度对硬件设施满意度有显著的影响，影响系数为 0.729；硬件设施满意度对软件服务满意度和价格满意度都有显著的影响，影响系数分别为 0.721 和 0.298；软件服务满意度对价格满意度的影响系数为 0.391，所以 H4 成立。

区位环境满意度对文化交往满意度的显著影响来源于地理距离产生的文化吸引，到平乐的游客 64% 来自于成都，成都游客喜欢的缓慢、闲适、怀旧的生活风格以及小桥、流水、古巷的生活环境在都市的环境中几乎难以实现，而在这里得到了极大的满足，再加之语言沟通的便利，理想家园中较少文化阻碍，自然引发了文化交往的满意度较高。文化交往满意度对硬件设施满意度有显著影响是因为，其一在民宿的硬件设施上很多都有符合成都人喜好的材质和装饰元素，如花草、竹椅、盖碗茶等，让游客觉得十分亲近；其二在使用过程中，如遇一些不便，也可以立即交流得到解决，语言、文化沟通便利。硬件设施满意度对软件服务满意度和价格满意度都有显著影响的原因是硬件设施在风格和材质上的对游客喜好的亲近，已经让游客感受到了民宿服务的用心，自然对软件服务满意度有积极评价，而对价格也认为值得，那么价格满意度也能接受。软件服务满意度对游客的体验更能锦上添花，体现了民宿的价格和价值，所以软件服务满意度对价格满意度有正面影响。

表 5.7　H2、H4 的 bootstrap 检验结果

假设		路径系数	T 值	假设检验结果
H2a	区位环境满意度 —> 游后行为意向	0.069	1.023	不成立
H2b	文化交往满意度 —> 游后行为意向	0.181	2.267	成立
H2c	硬件设施满意度 —> 游后行为意向	0.365	4.188	成立
H2d	软件服务满意度 —> 游后行为意向	0.283	3.628	成立
H2e	价格满意度 —> 游后行为意向	0.205	3.088	成立
H4a	区位环境满意度—> 文化交往满意度	0.505	10.527	成立
H4b	文化交往满意度—> 硬件设施满意度	0.729	13.322	成立
H4c	硬件设施满意度—> 软件服务满意度	0.721	5.683	成立
H4d	硬件设施满意度—> 价格满意度	0.298	2.619	成立
H4e	软件服务满意度—> 价格满意度	0.391	3.815	成立

表 5.8　H3 的 Pearson 检验结果

		总体评价	继续选择	推荐朋友
总体评价	Pearson 相关性	1		
	显著性（双尾）			
	N	228		
继续选择	Pearson 相关性	0.269**	1	
	显著性（双尾）	0.000		
	N	228	228	
推荐朋友	Pearson 相关性	0.756**	0.408**	1
	显著性（双尾）	0.000	0.000	
	N	228	228	228

＊＊．在置信度（双测）为 0.01 时，相关性是显著的。

由相关性分析结果（表 5.8）可以看出，总体评价、继续选择意愿以及推

荐朋友三者都有显著的正相关性，相关系数都大于 0 且显著性值小于 0.05，因此，游客的总体评价越高，则继续选择意愿和推荐朋友的意愿也越高。当游客的总体满意度高则证明自己的选择是成功的，旅游体验是满意的，此时他的内心是喜悦的，对未来的再次选择和推荐亲友，愿意将自己的成功经验传播出去。所以 H3 游客行为意向的满意度评价对再宿或推荐正相关的假设成立。

5.4 H1a 游客人口统计学特征对各满意度及游后行为意向的影响差异分析

为了检验人口统计学变量对各满意度及游后行为意向的影响，分别以各项人口统计学变量进行分组进行 T 检验和单因素方差分析。

5.4.1 性别影响差异

表 5.9　性别对各满意度及游后行为意向的影响

	性别	频数/人	平均值/E	标准偏差	T	P
区位环境满意度	男	109	3.6073	0.94594	−1.534	0.127
	女	119	3.7773	0.69575		
文化交往满意度	男	109	3.4432	0.80604	0.029	0.977
	女	119	3.4402	0.77228		
硬件设施满意度	男	109	3.6568	0.71214	−0.537	0.592
	女	119	3.7058	0.66734		
软件服务满意度	男	109	3.5630	0.89067	−0.570	0.569
	女	119	3.6253	0.74697		
价格满意度	男	109	3.3457	0.82365	−0.460	0.646
	女	119	3.3920	0.67960		
游后行为意向	男	109	3.5615	0.87872	−0.848	0.397
	女	119	3.6563	0.80883		

由表 5.9 的 T 检验结果可以看出，男女在各项各满意度及游后行为意向上没有显著的差异，对应的 P 值均大于 0.05，因此，性别对各满意度及游后行为意向没有显著的影响。

为了找出年龄等各项人口统计学特征对各满意度及游后行为意向，以各项人口统计学特征值为变量分组进行单因素方差分析，由于各组人数有差异，在单因素方差分析之前，首先进行方差同质性检验，不满足方差同质性要求的利用 welch 检验的值代替 F 值与 P 值。

5.4.2　年龄影响差异

表 5.10　年龄对各满意度及游后行为意向的影响

		N/人	平均值	标准　偏差	F	P
区位环境满意度	18 岁以下	18	4.0704	0.67825	3.329	0.011
	18～28 岁	93	3.6435	0.75772		
	29～40 岁	61	3.4894	0.96400		
	40～55 岁	45	3.8126	0.74011		
	55 岁以上	11	4.1969	0.78396		
文化交往满意度	18 岁以下	18	3.5394	0.78259	1.479	0.210
	18～28 岁	93	3.3808	0.84441		
	29～40 岁	61	3.3425	0.70171		
	40～55 岁	45	3.5622	0.78555		
	55 岁以上	11	3.8530	0.64871		
硬件设施满意度	18 岁以下	18	3.7900	0.72900	0.724	0.576
	18～28 岁	93	3.7336	0.65047		
	29～40 岁	61	3.5864	0.71028		
	40～55 岁	45	3.6281	0.74540		
	55 岁以上	11	3.8272	0.58333		
软件服务满意度	18 岁以下	18	3.8003	0.86863	0.328	0.859
	18～28 岁	93	3.5656	0.83915		
	29～40 岁	61	3.5708	0.80368		
	40～55 岁	45	3.6011	0.85859		
	55 岁以上	11	3.6273	0.45254		
价格满意度	18 岁以下	18	3.3160	0.71536	0.983	0.418
	18～28 岁	93	3.3993	0.74671		
	29～40 岁	61	3.2381	0.68610		
	40～55 岁	45	3.4446	0.87095		
	55 岁以上	11	3.6349	0.63703		

		N/人	平均值	标准　偏差	F	P
游后行为意向	18 岁以下	18	3.7437	0.85299	1.913	0.109
	18～28 岁	93	3.6578	0.89759		
	29～40 岁	61	3.4743	0.75984		
	40～55 岁	45	3.5136	0.83638		
	55 岁以上	11	4.1551	0.61997		

由表 5.10 可以看出，不同年龄段的人群在区位环境的满意度上有显著的差异，对应的 P 值小于 0.05，55 岁以上人群区位环境满意度最高，其次是 18 岁以下的人群，区位满意度最低的是 29～40 岁的人群。事后多重比较结果显示，18 岁以下及 55 岁以上的人群区位满意度显著高于 18～40 岁的人群。在其他各满意度上及游后行为意向上各年龄段的人群没有显著的差异，对应的 P 值均大于 0.05。

55 岁以上的人群由于身体的和心理需求，对于平乐的休闲节奏、清新空气、干净环境、古韵氛围是欣赏的，18 岁以下的人群对于平乐的闲适风格、近水娱乐也是非常喜欢。

5.4.3　学历影响差异

表 5.11　学历对各满意度及游后行为意向的影响

		N/人	平均值	标准偏差	F	P
区位环境满意度	小学	14	3.6825	1.30486	1.376*	0.269*
	中学	68	3.8516	0.73488		
	大专及本科	135	3.6316	0.81451		
	研究生及以上	11	3.5423	0.75599		
文化交往满意度	小学	14	3.6405	0.68779	1.078	0.359
	中学	68	3.5476	0.74516		
	大专及本科	135	3.3723	0.82602		
	研究生及以上	11	3.3857	0.61342		
硬件设施满意度	小学	14	3.7988	0.44496	0.264	0.852
	中学	68	3.6874	0.71368		
	大专及本科	135	3.6594	0.69883		
	研究生及以上	11	3.7850	0.70293		

续表

		N/人	平均值	标准偏差	F	P
软件服务满意度	小学	14	3.8510	0.59487	1.151	0.329
	中学	68	3.6757	0.80444		
	大专及本科	135	3.5189	0.83329		
	研究生及以上	11	3.7158	0.91811		
价格满意度	小学	14	3.4491	0.78039	0.204	0.894
	中学	68	3.3938	0.66969		
	大专及本科	135	3.3609	0.79511		
	研究生及以上	11	3.2315	0.69718		
游后行为意向	小学	14	3.6429	0.65603	0.187	0.905
	中学	68	3.6013	0.82453		
	大专及本科	135	3.6271	0.86574		
	研究生及以上	11	3.4332	0.95478		

* Welch 检验值及显著性

由表 5.11 可以看出，不同学历的人群在各满意度及游后行为意向上没有显著的差异，对应的 P 值均大于 0.05，因此，学历对各满意度及游后行为意向没有显著的影响。

5.4.4　职业影响差异

表 5.12　职业对各满意度及游后行为意向的影响

		N/人	平均值	标准偏差	F	P
区位环境满意度	工人	31	3.7789	0.99564	0.888	0.527
	农民	21	3.7729	0.94920		
	专业技术人员	32	3.6636	0.86929		
	企事业单位管理人员	44	3.5711	0.80926		
	离退休人员	11	4.0053	0.52689		
	个体户	10	3.9264	0.62198		
	学生	36	3.8085	0.72859		
	家庭主妇	16	3.3821	0.66929		
	其他	27	3.6078	0.86865		

		N/人	平均值	标准偏差	F	P
文化交往满意度	工人	31	3.6128	0.68803	2.303*	0.030*
	农民	21	3.8378	0.82151		
	专业技术人员	32	3.5609	0.89968		
	企事业单位管理人员	44	3.1910	0.88783		
	离退休人员	11	3.3916	0.42069		
	个体户	10	3.7495	0.52758		
	学生	36	3.3384	0.83150		
	家庭主妇	16	3.2246	0.40583		
	其他	27	3.3770	0.71389		
硬件设施满意度	工人	31	3.6103	0.61726	2.252*	0.033*
	农民	21	3.9780	0.81263		
	专业技术人员	32	3.7634	0.74624		
	企事业单位管理人员	44	3.6621	0.79574		
	离退休人员	11	3.7031	0.39687		
	个体户	10	3.8105	0.33792		
	学生	36	3.7527	0.61131		
	家庭主妇	16	3.2844	0.43859		
	其他	27	3.5585	0.74017		
软件服务满意度	工人	31	3.5777	0.73836	1.104	0.361
	农民	21	3.8779	0.80550		
	专业技术人员	32	3.7313	0.98733		
	企事业单位管理人员	44	3.5067	0.80781		
	离退休人员	11	3.7006	0.61320		
	个体户	10	3.5898	0.60036		
	学生	36	3.7038	0.80629		
	家庭主妇	16	3.3419	0.67638		
	其他	27	3.3454	0.91191		

续表

		N/人	平均值	标准偏差	F	P
价格满意度	工人	31	3.4569	0.78529	2.785*	0.010*
	农民	21	3.4549	0.86548		
	专业技术人员	32	3.4411	0.80975		
	企事业单位管理人员	44	3.2967	0.87580		
	离退休人员	11	3.5970	0.68816		
	个体户	10	3.4594	0.61509		
	学生	36	3.3331	0.72820		
	家庭主妇	16	3.0561	0.20759		
	其他	27	3.3482	0.64101		
游后行为意向	工人	31	3.6264	0.87866	1.560*	0.153*
	农民	21	3.7799	0.87771		
	专业技术人员	32	3.7513	0.99331		
	企事业单位管理人员	44	3.4672	0.84951		
	离退休人员	11	3.5806	0.61470		
	个体户	10	3.6974	0.55076		
	学生	36	3.6869	0.94962		
	家庭主妇	16	3.2312	0.44812		
	其他	27	3.6343	0.76125		

* Welch 检验值及显著性

由表 5.12 可以看出，不同职业的人群在文化交往满意度、硬件设施满意度和价格设施满意度上有显著的差异，具体来看，农民的文化交往满意度和硬件设施满意度最高，其次是个体户，企事业单位管理人员的文化交往满意度最低，家庭主妇的硬件设施满意度最低，离退休人员的价格满意度最高，而家庭主妇的价格满意度最低。在区位满意度、软件服务满意度以及游后行为意向上各职业的人群没有显著的差异，对应的 P 值均大于 0.05，因此，职业对文化交往满意度、硬件设施满意度以及价格满意度有显著的影响，而对区位环境满意度、软件服务满意度和游后行为意向没有影响。

农民对文化交往和硬件设施的要求较低，需求少，所以他们的文化交往满意度和硬件设施满意度最高，而企事业单位管理人员对于民宿的地方风情、语言沟通、问题处理、事项咨询等都较为全面和严格，所以他们的文化交往满意度最低。离退休人员一般收入较稳定，且不需要抚养孩子，支出并不多，所以对价格不太计较，他们的价格满意度较高。家庭主妇把精力都放在家人的生活安排上，并且对各种事物都比较挑剔和细心甄别，所以她们的硬件设施满意度和价格满意度最低。这一切都深受各自的经历、习惯和职业环境影响。

5.4.5　月收入影响差异

表 5.13　月收入对各满意度及游后行为意向的影响

		N/人	平均值	标准偏差	F	P
区位环境满意度	1000 元以下	59	3.6371	0.79403	0.267	0.899
	1001～3000 元	62	3.7361	0.93037		
	3001～5000 元	70	3.6799	0.79718		
	5000～10000 元	25	3.8154	0.81792		
	10000 元以上	12	3.6246	0.69982		
文化交往满意度	1000 元以下	59	3.3403	0.73654	0.966	0.427
	1001～3000 元	62	3.5557	0.84904		
	3001～5000 元	70	3.3944	0.79445		
	5000～10000 元	25	3.5964	0.81039		
	10000 元以上	12	3.3045	0.55634		
硬件设施满意度	1000 元以下	59	3.5914	0.58051	0.830	0.507
	1001～3000 元	62	3.7245	0.86028		
	3001～5000 元	70	3.6768	0.62332		
	5000～10000 元	25	3.8634	0.67756		
	10000 元以上	12	3.5680	0.55321		
软件服务满意度	1000 元以下	59	3.5351	0.72048	1.650	0.163
	1001～3000 元	62	3.7508	0.81382		
	3001～5000 元	70	3.5086	0.83458		
	5000～10000 元	25	3.7622	0.99182		
	10000 元以上	12	3.2506	0.68739		
价格满意度	1000 元以下	59	3.2465	0.63933	0.891	0.470
	1001～3000 元	62	3.4815	0.77413		
	3001～5000 元	70	3.4141	0.70149		
	5000～10000 元	25	3.2897	0.94322		
	10000 元以上	12	3.3089	0.96799		

续表

		N/人	平均值	标准偏差	F	P
游后行为意向	1000 元以下	59	3.5780	0.83325	0.301	0.877
	1001～3000 元	62	3.6958	0.94274		
	3001～5000 元	70	3.5894	0.79399		
	5000～10000 元	25	3.6175	0.85478		
	10000 元以上	12	3.4476	0.65476		

由表 5.13 可以看出，不同月收入的人群在各项满意度及游后行为意向上没有显著的差异，对应的 P 值均大于 0.05，因此，月收入对各满意度及游后行为意向没有显著的影响。

5.4.6　家庭结构影响差异

表 5.14　家庭结构对各满意度及游后行为意向的影响

		N/人	平均值	标准偏差	F	P
区位环境满意度	未婚	74	3.4100	0.7192	1.567	0.184
	已婚无孩子	27	3.3400	0.7864		
	孩子未成年	57	3.1760	0.7042		
	孩子已成年	48	3.5201	0.7258		
	其他	22	3.4463	0.9262		
文化交往满意度	未婚	74	3.7205	0.7225	1.495	0.205
	已婚无孩子	27	3.7374	1.0270		
	孩子未成年	57	3.4838	0.9242		
	孩子已成年	48	3.8632	0.7502		
	其他	22	3.7478	0.7411		
硬件设施满意度	未婚	74	3.7429	0.8390	1.501	0.203
	已婚无孩子	27	3.4597	0.8892		
	孩子未成年	57	3.4252	0.8620		
	孩子已成年	48	3.6763	0.6967		
	其他	22	3.6920	0.9881		

		N/人	平均值	标准偏差	F	P
软件服务满意度	未婚	74	3.4638	0.7707	1.626	0.169
	已婚无孩子	27	3.2604	0.9428		
	孩子未成年	57	3.3028	0.7511		
	孩子已成年	48	3.5671	0.6849		
	其他	22	3.6759	0.8852		
价格满意度	未婚	74	3.7835	0.6216	1.133	0.342
	已婚无孩子	27	3.4994	0.8594		
	孩子未成年	57	3.6030	0.7035		
	孩子已成年	48	3.6903	0.5545		
	其他	22	3.7555	0.8659		
游后行为意向	未婚	74	3.5515	0.8113	1.691	0.153
	已婚无孩子	27	3.6841	0.8909		
	孩子未成年	57	3.4539	0.7941		
	孩子已成年	48	3.6137	0.7220		
	其他	22	3.9620	0.9453		

由表 5.14 可以看出，不同家庭结构的人群在各项各满意度及游后行为意向上没有显著的差异，对应的 P 值均大于 0.05；因此，家庭结构对各满意度及游后行为意向没有影响。

5.4.7　来源影响差异

表 5.15　来源对各满意度及游后行为意向的影响

		N/人	平均值	标准偏差	F	P
区位环境满意度	成都	146	3.7163	0.78911	0.571	0.684
	四川省(除成都外)	51	3.7312	0.92082		
	其他省份	24	3.6094	0.84279		
	港澳台	4	3.4789	0.87027		
	其他国家	3	3.0947	1.12468		

		N/人	平均值	标准偏差	F	P
文化交往满意度	成都	146	3.4322	0.78995	0.556	0.695
	四川省（除成都外）	51	3.3695	0.78592		
	其他省份	24	3.6055	0.83851		
	港澳台	4	3.7775	0.52091		
	其他国家	3	3.3717	0.63415		
硬件设施满意度	成都	146	3.7182	0.67923	0.949	0.437
	四川省（除成都外）	51	3.5602	0.71678		
	其他省份	24	3.7895	0.65852		
	港澳台	4	3.3037	0.38118		
	其他国家	3	3.6667	1.15470		
软件服务满意度	成都	146	3.5960	0.83875	0.465	0.762
	四川省（除成都外）	51	3.5120	0.78867		
	其他省份	24	3.7812	0.77440		
	港澳台	4	3.4771	0.55213		
	其他国家	3	3.6667	1.15470		
价格满意度	成都	146	3.3886	0.75729	0.820	0.513
	四川省（除成都外）	51	3.2699	0.72088		
	其他省份	24	3.5322	0.80089		
	港澳台	4	2.9643	0.07143		
	其他国家	3	3.4015	1.03159		
游后行为意向	成都	146	3.6134	0.84755	0.193	0.942
	四川省（除成都外）	51	3.5615	0.82860		
	其他省份	24	3.6838	0.90878		
	港澳台	4	3.5000	0.57735		
	其他国家	3	3.9020	1.01431		

由表 5.15 结果可以看出，来源对各满意度及游后行为意向没有显著的影响，对应的 P 值均大于 0.05。

5.5　H1b 旅游偏好对各满意度及游后行为意向的影响差异

为了找出旅游偏好对各项各满意度及游后行为意向的影响，利用各旅游偏好进行分组单因素方差分析，由于各个组的人数不同，因此在进行单因素方差分析前首先进行方差同质性检验，不满足方差同质性要求的利用 welch 检验的值代替 F 值和 P 值。

5.5.1　预订渠道影响差异

表 5.16　预定渠道对各满意度及游后行为意向的影响

		N/人	平均值	标准偏差	F	P
区位环境满意度	网站	47	3.6847	0.81967	0.661	0.619
	电视、报刊	13	3.6721	0.91231		
	微博或微信	14	3.7083	1.04387		
	他人推荐	45	3.8688	0.74915		
	临时找的	109	3.6309	0.82679		
文化交往满意度	网站	47	3.4222	0.81644	0.683	0.604
	电视、报刊	13	3.3362	0.64491		
	微博或微信	14	3.7650	0.79969		
	他人推荐	45	3.4011	0.82310		
	临时找的	109	3.4378	0.77619		
硬件设施满意度	网站	47	3.5802	0.74927	1.442	0.221
	电视、报刊	13	3.5865	0.64491		
	微博或微信	14	4.0654	0.64917		
	他人推荐	45	3.6608	0.68197		
	临时找的	109	3.6976	0.66661		
软件服务满意度	网站	47	3.4298	0.92196	1.065	0.374
	电视、报刊	13	3.5878	0.70090		
	微博或微信	14	3.9203	0.64205		
	他人推荐	45	3.6086	0.84827		
	临时找的	109	3.6208	0.78690		
价格满意度	网站	47	3.2323	0.79834	0.913	0.457
	电视、报刊	13	3.6038	0.80182		
	微博或微信	14	3.5483	0.54294		
	他人推荐	45	3.3645	0.70246		
	临时找的	109	3.3807	0.76528		

游后行为意向	网站	47	3.6112	0.88323	0.921	0.452
	电视、报刊	13	3.4887	0.72538		
	微博或微信	14	3.9772	0.61596		
	他人推荐	45	3.5024	0.87522		
	临时找的	109	3.6234	0.84789		

　　由表 5.16 可以看出，通过各个渠道预定的游客在各分项满意度及游后行为意向上没有显著的差异，对应的 P 值均大于 0.05，因此，预定渠道对各满意度及游后行为意向没有影响。

5.5.2　首要条件影响差异

表 5.17　首要条件对各满意度及游后行为意向的影响

		N/人	平均值	标准偏差	F	P
区位环境满意度	价格便宜	59	3.6805	0.88109	1.524	0.196
	房屋舒适	110	3.7395	0.73475		
	主人友好	19	3.7467	0.88760		
	风光优美	29	3.7517	0.88935		
	特色体验	11	3.1103	1.05202		
文化交往满意度	价格便宜	59	3.2280	0.82086	3.510	0.008
	房屋舒适	110	3.4825	0.73505		
	主人友好	19	3.6448	0.89866		
	风光优美	29	3.7480	0.67090		
	特色体验	11	3.0214	0.84300		
硬件设施满意度	价格便宜	59	3.5412	0.78443	2.937	0.021
	房屋舒适	110	3.6664	0.63077		
	主人友好	19	3.9194	0.73242		
	风光优美	29	3.9706	0.59832		
	特色体验	11	3.4305	0.57850		
软件服务满意度	价格便宜	59	3.6362	0.89663	1.811	0.128
	房屋舒适	110	3.5006	0.76418		
	主人友好	19	3.7598	0.75006		
	风光优美	29	3.8745	0.85390		
	特色体验	11	3.3072	0.78340		

		N/人	平均值	标准偏差	F	P
价格满意度	价格便宜	59	3.1851	0.77762	1.801	0.130
	房屋舒适	110	3.4176	0.71943		
	主人友好	19	3.5951	0.71758		
	风光优美	29	3.4872	0.78246		
	特色体验	11	3.1856	0.77370		
游后行为意向	价格便宜	59	3.5084	0.83347	1.212	0.307
	房屋舒适	110	3.6343	0.80223		
	主人友好	19	3.8253	0.93748		
	风光优美	29	3.7296	0.88263		
	特色体验	11	3.2460	0.97966		

由表 5.17 可以看出，选择民宿首要条件不同的游客在文化交往满意度和硬件设施满意度上有显著的差异，对应的 P 值小于 0.05，具体来看，选择民宿首要条件为风光优美的游客其文化交往满意度、硬件设施满意度最高，其次是首要条件为主人友好的游客，文化交往满意度和硬件设施满意度最低的是首要条件为其他和价格便宜的游客；在区位环境满意度、软件服务满意度、价格满意度以及游后行为意向上，各组游客没有显著的差异，对应的 P 值均大于0.05。

首要条件将风光优美放在前面的游客，其重心是赏景观光，对文化交往和硬件设施的要求不高，并且如遇不顺，也能坦然处之，故其文化交往和硬件设施满意度较高。而首要条件为其他和价格便宜的游客，其存在对价格或其他比较计较，期望与实际购买落差较大，故文化交往和硬件设施满意度最低。

5.5.3 停留时间影响差异

表 5.18 停留时间对各满意度及游后行为意向的影响

		N/人	平均值	标准偏差	F	P
区位环境满意度	1~2 天	137	3.6575	0.85274	1.010	0.389
	3~4 天	39	3.9032	0.73927		
	5~6 天	5	3.5517	0.81214		
	不定	47	3.6517	0.82129		

		N/人	平均值	标准偏差	F	P
文化交往满意度	1～2 天	137	3.3498	0.80064	1.943	0.123
	3～4 天	39	3.6768	0.75059		
	5～6 天	5	3.5776	0.72875		
	不定	47	3.4999	0.75568		
硬件设施满意度	1～2 天	137	3.5894	0.67534	2.312	0.077
	3～4 天	39	3.8653	0.73100		
	5～6 天	5	3.9469	0.72911		
	不定	47	3.7734	0.65561		
软件服务满意度	1～2 天	137	3.4799	0.78512	2.417	0.067
	3～4 天	39	3.7524	0.88751		
	5～6 天	5	3.9450	1.01370		
	不定	47	3.7653	0.79543		
价格满意度	1～2 天	137	3.2799	0.69657	2.927	0.035
	3～4 天	39	3.6670	0.85273		
	5～6 天	5	3.1671	1.07581		
	不定	47	3.4073	0.73447		
游后行为意向	1～2 天	137	3.5018	0.84648	2.130	0.097
	3～4 天	39	3.7295	0.90180		
	5～6 天	5	3.6051	1.08337		
	不定	47	3.8316	0.71603		

由表 5.18 可以看出，停留时间不同的游客在价格满意度上有显著的差异，对应的 P 值小于 0.05，具体来看，停留时间为 3～4 天的游客价格满意度最高，而停留时间为 5～6 天的游客价格满意度最低；在区位环境满意度、硬件设施满意度、软件服务满意度、文化交往满意度以及游后行为意向上，各组游客没有显著的差异，对应的 P 值均大于 0.05，因此，停留时间对价格满意度有影响，而对其他各满意度及游后行为意向没有显著的影响。

停留时间为 3～4 天，处于 1～2 天，5～6 天的中间时段内，而这个时段可以比较充裕地将平乐及其周边景点游览完毕，所以相比较而言，3～4 天的游客价格满意度最高。

5.5.4　出游方式影响差异

表 5.19　出游方式对各满意度及游后行为意向的影响

		N/人	平均值	标准偏差	F	P
区位环境满意度	独自	9	3.6420	0.79547	0.848	0.496
	与家人一起	143	3.6934	0.81028		
	与朋友一起	70	3.6742	0.87061		
	单位组织	1	3.0426	—		
	其他	5	4.3030	0.78757		
文化交往满意度	独自	9	3.4031	1.00488	1.976	0.099
	与家人一起	143	3.4277	0.71348		
	与朋友一起	70	3.4064	0.87405		
	单位组织	1	3.4189	—		
	其他	5	4.4094	0.81484		
硬件设施满意度	独自	9	3.5468	0.99227	1.402	0.234
	与家人一起	143	3.6429	0.66838		
	与朋友一起	70	3.7396	0.66463		
	单位组织	1	3.4256	—		
	其他	5	4.3071	0.87063		
软件服务满意度	独自	9	3.8392	0.94281	1.207	0.309
	与家人一起	143	3.5983	0.79166		
	与朋友一起	70	3.5077	0.83315		
	单位组织	1	4.0000	—		
	其他	5	4.2245	1.06282		
价格满意度	独自	9	3.1175	1.03743	2.242	0.065
	与家人一起	143	3.3355	0.70959		
	与朋友一起	70	3.4146	0.75595		
	单位组织	1	3.0000	—		
	其他	5	4.2560	0.92258		

		N/人	平均值	标准偏差	F	P
游后行为意向	独自	9	3.2990	0.88400	2.517	0.042
	与家人一起	143	3.5397	0.79180		
	与朋友一起	70	3.7348	0.91560		
	单位组织	1	3.3530	—		
	其他	5	4.5294	0.50431		

　　由表 5.19 可以看出，不同出游方式的游客在游后行为意向上有显著的差异，出游方式为其他、与朋友或与家人一起出游的游客其游后行为意向最高，而独自出游的其游后行为意向较低；在各满意度上，各组游客没有显著的差异，对应的 P 值均大于 0.05。因此，出游方式对各项满意度没有影响，但对游后行为意向有显著的影响。

　　与朋友、家人一起出游，或其他出游的游客在平乐能找到适宜的旅游产品，因此他们的游后行为意向高。

5.5.5　出游消费影响差异

表 5.20　出游消费对各满意度及游后行为意向的影响

		N/人	平均值	标准偏差	F	P
区位环境满意度	小于 200 元/天	71	3.7971	0.88044	1.812	0.127
	201～500 元/天	122	3.6582	0.79177		
	501～800 元/天	26	3.4504	0.87164		
	801～1000 元/天	6	4.3315	0.41795		
	大于 1001 元/天	3	3.6983	0.51250		
文化交往满意度	小于 200 元/天	71	3.5520	0.88578	2.540	0.041
	201～500 元/天	122	3.3716	0.72311		
	501～800 元/天	26	3.2718	0.71832		
	801～1000 元/天	6	4.2459	0.75671		
	大于 1001 元/天	3	3.5433	0.48317		

续表

		N/人	平均值	标准偏差	F	P
硬件设施满意度	小于 200 元/天	71	3.8529	0.70230	3.834	0.005
	201~500 元/天	122	3.5652	0.66267		
	501~800 元/天	26	3.5862	0.66122		
	801~1000 元/天	6	4.3677	0.61744		
	大于 1001 元/天	3	3.8775	0.15645		
软件服务满意度	小于 200 元/天	71	3.7001	0.81787	4.538	0.002
	201~500 元/天	122	3.5353	0.72374		
	501~800 元/天	26	3.2816	10.01594		
	801~1000 元/天	6	4.6386	0.56246		
	大于 1001 元/天	3	4.2047	1.16736		
价格满意度	小于 200 元/天	71	3.4520	0.84436	1.938*	0.174*
	201~500 元/天	122	3.3021	0.65077		
	501~800 元/天	26	3.1859	0.63855		
	801~1000 元/天	6	4.1962	0.92014		
	大于 1001 元/天	3	4.1262	1.51350		
游后行为意向	小于 200 元/天	71	3.7233	0.87061	2.719	0.031
	201~500 元/天	122	3.5370	0.79406		
	501~800 元/天	26	3.4010	0.90282		
	801~1000 元/天	6	4.3922	0.70653		
	大于 1001 元/天	3	4.2218	0.83158		

　* Welch 检验值及显著性

　　由表 5.20 可以看出，不同出游消费的游客在文化交往满意度、硬件设施满意度、软件服务满意度以及游后行为意向上面有显著的差异，对应的 P 值小于 0.05；具体来看，出游消费支出为 801~1000 元/天的游客在文化交往满意度、硬件设施满意度、软件服务满意度以及游后行为意向上面的值最高，其次是消费支出大于 1001 元/天的人群，而消费支出为 501~800 元/天的游客其文化交往满意度、软件服务满意度以及价格满意度最低，消费支出为 201~500 元/天的游客其硬件设施满意度最低，消费支出为 501~800 元/天的游客其游后行为意向最低。

　　出游消费在 801~1000 元/天的游客在民宿选择上都可以有比较大的自由

度，在民宿中可以选择设施设备较高档的产品，并且所期望与实际感受到的差异较小，所以在文化交往满意度、硬件设施满意度、软件服务满意度较高时，自然游后行为意向最高，而消费大于 1001 元/天的游客的期望比实际感受到的差异略大，故比 801～1000 元/天的满意度略低。支出在 501～800 元/天的游客对民宿产品的选择面不大，所期望与实际感受到的差异较大，故在文化交往满意度、软件服务满意度和价格满意度最低。支出为 201～500 元/天的游客在选择范围最小，故在民宿的硬件设施满意度最低。

5.5.6　出游动机影响差异

表 5.21　出游动机对各满意度及游后行为意向的影响

		N/人	平均值	标准偏差	F	P
区位环境满意度	观赏风景	65	3.8181	0.74779	1.451	0.218
	休闲度假	143	3.6468	0.83768		
	健身康体	12	3.8269	0.78401		
	教育孩子	5	3.7414	1.02816		
	其他	3	2.7995	1.58719		
文化交往满意度	观赏风景	65	3.4472	0.67455	0.257	0.905
	休闲度假	143	3.4165	0.84846		
	健身康体	12	3.6334	0.81282		
	教育孩子	5	3.5505	0.38681		
	其他	3	3.5719	0.58736		
硬件设施满意度	观赏风景	65	3.6778	0.61133	0.053	0.995
	休闲度假	143	3.6847	0.69883		
	健身康体	12	3.6236	1.01503		
	教育孩子	5	3.7684	0.72974		
	其他	3	3.7662	0.56091		
软件服务满意度	观赏风景	65	3.5338	0.75020	0.620	0.649
	休闲度假	143	3.5893	0.85905		
	健身康体	12	3.9239	0.74640		
	教育孩子	5	3.6998	0.75792		
	其他	3	3.7446	0.64483		

		N/人	平均值	标准偏差	F	P
价格满意度	观赏风景	65	3.4295	0.71663	0.465	0.762
	休闲度假	143	3.3594	0.74151		
	健身康体	12	3.3447	0.92272		
	教育孩子	5	3.2504	0.99871		
	其他	3	2.8760	1.12506		
游后行为意向	观赏风景	65	3.5417	0.82378	1.046	0.384
	休闲度假	143	3.6247	0.84363		
	健身康体	12	4.0000	0.76161		
	教育孩子	5	3.4824	0.80375		
	其他	3	3.1177	1.52827		

由表 5.21 可以看出，不同出游动机的游客其项各满意度及游后行为意向上没有显著的差异，对应的 P 值均大于 0.05，因此，出游动机对各满意度及游后行为意向没有影响。

5.5.7 交通工具影响差异

表 5.22　交通工具对各满意度及游后行为意向的影响

		N/人	平均值	标准偏差	F	P
区位环境满意度	自驾车	154	3.6781	0.85223	0.248	0.940
	自行车	5	3.5884	0.76059		
	公共交通	52	3.7806	0.78335		
	拼车	7	3.6259	0.91057		
	旅行团	1	4.1658	—		
	其他	9	3.5767	0.77706		
文化交往满意度	自驾车	154	3.4026	0.79033	1.441	0.210
	自行车	5	2.9463	0.64885		
	公共交通	52	3.4756	0.69010		
	拼车	7	3.9758	0.88000		
	旅行团	1	3.7629	—		
	其他	9	3.7391	1.11475		

		N/人	平均值	标准偏差	F	P
硬件设施满意度	自驾车	154	3.6697	0.68054	0.494	0.780
	自行车	5	3.3751	0.58338		
	公共交通	52	3.6945	0.71084		
	拼车	7	3.8025	0.80707		
	旅行团	1	3.4960	—		
	其他	9	3.9280	0.73970		
软件服务满意度	自驾车	154	3.5983	0.85044	1.045	0.392
	自行车	5	4.0636	0.81885		
	公共交通	52	3.4601	0.66895		
	拼车	7	3.6729	0.99985		
	旅行团	1	4.0000	—		
	其他	9	3.9656	0.87242		
价格满意度	自驾车	154	3.3521	0.75019	0.192	0.966
	自行车	5	3.5282	0.70525		
	公共交通	52	3.3833	0.67456		
	拼车	7	3.5435	1.03785		
	旅行团	1	3.0000	—		
	其他	9	3.4150	1.09406		
游后行为意向	自驾车	154	3.5765	0.82129	0.310	0.906
	自行车	5	3.4051	0.70847		
	公共交通	52	3.6842	0.86900		
	拼车	7	3.7647	0.90875		
	旅行团	1	4.0000	—		
	其他	9	3.7301	1.18870		

由表 5.22 可以看出，采取不同交通方式的游客其各项满意度及游后行为意向没有显著的差异，对应的 P 值均大于 0.05，因此，交通方式对各满意度及游后行为意向没有影响。

5.5.8　纠纷态度影响差异

表 5.23　纠纷态度对各满意度及游后行为意向的影响

		N/人	平均值	标准偏差	*F*	*P*
区位环境 满意度	与民宿主人协商解决	140	3.7465	0.77938	0.539	0.656
	请求组织解决	9	3.6726	0.92990		
	报警	68	3.5913	0.93476		
	其他	11	3.7209	0.66295		
文化交往 满意度	与民宿主人协商解决	140	3.4565	0.72989	0.476*	0.702*
	请求组织解决	9	3.4688	0.96850		
	报警	68	3.3792	0.91092		
	其他	11	3.6162	0.52512		
硬件设施 满意度	与民宿主人协商解决	140	3.6552	0.64927	0.385*	0.765*
	请求组织解决	9	3.5795	0.79689		
	报警	68	3.7382	0.78829		
	其他	11	3.7678	0.40718		
软件服务 满意度	与民宿主人协商解决	140	3.5379	0.84029	0.959	0.413
	请求组织解决	9	3.5700	0.78036		
	报警	68	3.7351	0.81349		
	其他	11	3.4869	0.49553		
价格满意度	与民宿主人协商解决	140	3.3379	0.72365	0.248	0.863
	请求组织解决	9	3.4094	0.54692		
	报警	68	3.4121	0.85049		
	其他	11	3.4846	0.61809		
总体满意度	与民宿主人协商解决	140	3.6129	0.86516	0.174	0.914
	请求组织解决	9	3.7843	0.79738		
	报警	68	3.5990	0.83281		
	其他	11	3.5187	0.71601		

＊Welch 检验值及显著性

由表 5.23 可以看出，不同解决纠纷的态度的游客在各项各满意度及游后行为意向上没有显著的差异，对应的 *P* 值均大于 0.05，因此，纠纷态度对各满意度及游后行为意向没有显著的影响。

5.6　游客人口学特征与偏好特性相关性

5.6.1　年龄与出游方式

表 5.24　年龄 * 出游方式交叉表格

| | | 来旅游是与谁一起 | | | | | 总计 | X^2 | P |
		独自	与家人一起	与朋友一起	单位组织	其他			
18 岁以下	频数/次	1	14	2	0	1	18		
	百分比/%	5.6	77.8	11.1	0	5.6	100.0		
18～28 岁	频数/次	2	39	49	0	3	93		
	百分比/%	2.2	41.9	52.7	0.0	3.2	100.0		
29～40 岁	频数/次	3	47	9	1	1	61	44.286	0.000
	百分比/%	4.9	77.0	14.8	1.6	1.6	100.0		
40～55 岁	频数/次	3	33	9	0	0	45		
	百分比/%	6.7	73.3	20.0	0.0	0.0	100.0		
55 岁以上	频数/次	0	10	1	0	0	11		
	百分比/%	0	90.9	9.1	0	0	100.0		
总计	频数/次	9	143	70	1	5	228		
	百分比/%	3	62.7	30.7	0.4	2.2	100.0		

由表 5.24 可以看出，年龄与出游方式显著相关，卡方检验对应的 P 值为 0.000，具体来看，18 岁以下的人群、29 岁及以上的人群大部分与家人一起出游，而 18～28 岁的人群主要是与朋友一起出游，独自出游、单位组织以及其他方式出游的人群在各个年龄段都只占一小部分的比例。

5.6.2　年龄与出游动机

表 5.25　年龄 * 出游动机交叉表格

年龄		出游动机					总计	X^2	P
		观赏风景	休闲度假	健身康体	教育孩子	其他			
18岁以下	频数/次	9	9	0	0	0	18		
	百分比/%	50.0	50.0	0.	0.	0.	100.0		
18~28岁	频数/次	25	66	0	1	1	93		
	百分比/%	26.9	71.0	0.	1.1	1.1	100.0		
29~40岁	频数/次	15	37	7	0	2	61	33.162	0.007
	百分比/%	24.6	60.7	11.5	0	3.3	100.0		
40~55岁	频数/次	11	26	4	4	0	45		
	百分比/%	24.4	57.8	8.9	8.9	0.0	100.0		
55岁以上	频数/次	5	5	1	0	0	11		
	百分比/%	45.5	45.5	9.1	0.	0.	100.0		
总计	频数/次	65	143	12	5	3	228		
	百分比/%	28.5	62.7	5.3	2.2	1.3	100.0		

　　由表 5.25 可以看出，年龄跟出游动机显著相关，卡方检验对应的 P 值小于 0.05，具体来看，年龄在 18~55 岁的游客休闲度假的比例很高，而年龄在 18 岁以下的游客动机为观赏风景和休闲度假的比例各占一半，年龄在 55 岁的游客动机为观赏风景和休闲度假的人各占 45.5% 的比例。

5.6.3　学历与预订渠道

表 5.26　学历 * 预定渠道交叉表格

学历		通过什么渠道预定					总计	X^2	P
		网站	电视报刊	微博微信	他人推荐	临时找的			
小学	频数/次	1	1	1	3	8	14		
	百分比/%	7.1	7.1	7.1	21.4	57.1	100.0		
中学	频数/次	7	6	3	14	38	68		
	百分比/%	10.3	8.8	4.4	20.6	55.9	100.0	27.736	0.006
大专及本科	频数/次	38	3	8	26	60	135		
	百分比/%	28.1	2.2	5.9	19.3	44.4	100.0		
研究生及以上	频数/次	1	3	2	2	3	11		
	百分比/%	9.1	27.3	18.2	18.2	27.3	100.0		
总计	频数/次	47	13	14	45	109	228		
	百分比/%	20.6	5.7	6.1	19.7	47.8	100.0		

由表 5.26 可以看出，学历与预定渠道有显著的相关性，卡方检验对应的 P 值为 0.006，具体来看，学历为小学和中学的游客大多数是临时找的，而学历为大专及以上的游客通过网站预定的比例显著提高，研究生及以上学历的游客通过微博微信、电视报刊预定的比例相对较高。

5.6.4　学历与出游方式

表 5.27　学历 * 出游方式交叉表

		来旅游是与谁一起					总计	X^2	P
		独自	与家人一起	与朋友一起	单位组织	其他			
小学	频数/次	0	8	4	1	1	14		
	百分比/%	0	57.1	28.6	7.1	7.1	100.0		
中学	频数/次	4	54	10	0	0	68		
	百分比/%	5.9	79.4	14.7	0	0	100.0	38.633	0.000
大专及本科	频数/次	4	72	55	0	4	135		
	百分比/%	3.0	53.3	40.7	0.	3.0	100.0		
研究生及以上	频数/次	1	9	1	0	0	11		
	百分比/%	9.1	81.8	9.1	0	0	100.0		

		来旅游是与谁一起					总计	X^2	P
		独自	与家人一起	与朋友一起	单位组织	其他			
总计	频数/次	9	143	70	1	5	228		
	百分比/%	3.9	62.7	30.7	0.4	2.2	100.0		

由表 5.27 可以看出，学历与出游方式呈显著的相关性，卡方检验对应的 P 值为 0.000，具体来看，研究生及以上学历的游客与家人一起出游的比例非常高，达到 81.8%，而小学学历的与家人一起出游的比例只有 57.1%，小学学历的游客和大专及本科学历的游客与朋友一起出游的比例较高。

5.6.5　月收入与选择首要条件

表 5.28　月收入 * 选择民宿首要条件交叉表

		首要条件					总计	X^2	P
		价格便宜	房屋舒适	主人友好	风光优美	其他			
1000 元以下	频数/次	20	23	5	4	5	57		
	百分比/%	35.1	40.4	8.8	7.0	8.8	100.0		
1001~3000 元	频数/次	19	26	6	9	2	62		
	百分比/%	30.6	41.9	9.7	14.5	3.2	100.0		
3001~5000 元	频数/次	13	42	4	9	2	70	39.029	0.007
	百分比/%	18.6	60.0	5.7	12.9	2.9	100.0		
5000~10000 元	频数/次	6	11	3	5	0	25		
	百分比/%	24.0	44.0	12.0	20.0	0.0	100.0		
10000 元以上	频数/次	0	8	1	2	1	12		
	百分比/%	0	66.7	8.3	16.7	8.3	100.0		
总计	频数/次	58	110	19	29	11	227		
	百分比/%	25.6	48.5	8.4	12.8	4.8	100.0		

由表 5.28 可以看出，月收入与选择民宿首要条件呈显著的相关性，卡方

检验对应的 P 值为 0.007，具体来看，月收入在 5000 元以上的游客选择民宿的首要条件是房屋舒适，其购买力较强。而月收入在 3000 元以下的游客其选择民宿的首要条件为价格便宜的比例更大，同样月收入在 5000 元以上的游客其选择民宿的首要条件为风光优美、主人友好的比例更高，他们的需求不仅是安全需求，更加注重社会交往等高层次需求。

5.6.6　家庭结构与出游方式

表 5.29　家庭结构 * 出游方式交叉表

家庭结构		出游方式					总计	X^2	P
		独自	与家人一起	与朋友一起	单位组织	其他			
未婚	频数/次	3	26	42	0	3	74		
	百分比/%	4.1	35.1	56.8	0.0	4.1	100.0		
已婚无孩子	频数/次	1	18	7	0	1	27		
	百分比/%	3.7	66.7	25.9	0.0	3.7	100.0		
孩子未成年	频数/次	1	47	8	1	0	57	47.347	0.000
	百分比/%	1.8	82.5	14.0	1.8	0	100.0		
孩子已成年	频数/次	3	35	8	0	0	46		
	百分比/%	6.5	76.1	17.4	0	0	100.0		
其他	频数/次	1	15	5	0	1	22		
	百分比/%	4.5	68.2	22.7	0	4.5	100.0		
总计	频数/次	9	141	70	1	5	226		
	百分比/%	4.0	62.4	31.0	0.4	2.2	100.0		

由表 5.29 可以看出，家庭结构与出游方式有显著的相关性，卡方检验对应的 P 值为 0.000，具体来看，未婚的游客更多的是与朋友一起出游，而已婚游客跟家人一起出游的比例很高。

5.6.7　家庭结构与交通工具

表 5.30　家庭结构 * 交通工具交叉表

		交通工具						总计	X^2	P
		自驾车	自行车	公共交通	拼车	旅行团	其他			
未婚	频数/次	42	1	27	1	0	3	74		
	百分比/%	56.8	1.4	36.5	1.4	0	4.1	100.0		
已婚无孩子	频数/次	19	2	3	2	0	1	27		
	百分比/%	70.4	7.4	11.1	7.4	0	3.7	100.0		
孩子未成年	频数/次	47	0	8	0	0	2	57	37.162	0.011
	百分比/%	82.5	0	14.0	0	0	3.5	100.0		
孩子已成年	频数/次	32	1	10	2	1	0	46		
	百分比/%	69.6	2.2	21.7	4.3	2.2	0	100.0		
其他	频数/次	13	1	3	2	0	3	22		
	百分比/%	59.1	4.5	13.6	9.1	0	13.6	100.0		
总计	频数/次	153	5	51	7	1	9	226		
	百分比/%	67.7	2.2	22.6	3.1	0.4	4.0	100.0		

由表 5.30 可以看出，家庭结构和出游交通工具有显著的相关性，卡方检验对应的 P 值为 0.011，具体来看，未婚游客采用公共交通的比例相对较高，而已婚游客特别是孩子未成年的群体采用自驾车的比例最高，方便照顾家人。

5.6.8　来源与预订渠道

表 5.31　来源 * 预定渠道交叉表

来源		预定渠道					总计	X^2	P
		网站	电视报刊	微博微信	他人推荐	临时找的			
成都	频数/次	36	6	4	30	70	146		
	百分比/%	24.7	4.1	2.7	20.5	47.9	100.0		
四川省（除成都外）	频数/次	6	5	4	8	28	51		
	百分比/%	11.8	9.8	7.8	12.7	54.9	100.		
其他省份	频数/次	1	1	4	7	11	24	44.382	0.000
	百分比/%	4.2	4.2	16.7	29.2	45.8	100.0		
港澳台	频数/次	2	0	2	0	0	4		
	百分比/%	50.0	0	50.0	0	0	100.0		
其他国家	频数/次	2	1	0	0	0	3		
	百分比/%	66.7	33.3	0	0	0	100.0		
总计	频数/次	47	13	14	45	109	228		
	百分比/%	20.6	5.7	6.1	19.7	47.8	100.0		

由表 5.31 可以看出，来源和预定渠道之间有显著的相关性，卡方检验显著性值为 0.000，具体来看，来自港澳台地区和其他国家的游客因为距离较远价值文化差异较大，故主要通过网站和微博微信预定，而来自四川省地区的游客因距离较近和语言文化等沟通较顺畅，故主要是临时寻找。

5.6.9　来源与居住时间

表 5.32　来源 * 居住时间交叉表

来源		居住时间				总计	X^2	P
		1～2 天	3～4 天	5～6 天	不定			
成都	频数/次	84	25	2	35	146		
	百分比/%	57.5	17.1	1.4	24.0	100.0		
四川省（除成都外）	频数/次	37	6	1	7	51		
	百分比/%	72.5	11.8	2.0	13.7	100.0		
其他省份	频数/次	15	6	0	3	24	33.210	0.001
	百分比/%	62.5	25.0	0.0	12.5	100.0		
港澳台	频数/次	1	1	1	1	4		
	百分比/%	25.0	25.0	25.0	25.0	100.0		
其他国家	频数/次	0	1	1	1	3		
	百分比/%	0	33.3	33.3	33.3	100.0		
总计	频数/次	137	39	5	47	228		
	百分比/%	60.1	17.1	2.2	20.6	100.0		

　　由表 5.32 可以看出，游客来源和居住时间有显著的相关性，卡方检验对应的 P 值为 0.001，具体来看，来自成都和四川省的游客居住时间为 1～2 天的占的比例较高，来自于其他省份的人居住时间在 3～4 天的比例高于来自成都及四川省地区的游客，他们希望来此一次就尽可能多地游玩平乐及其周边景区，以满足旅游效用的最大化。

　　人口统计学的其他特征与旅游偏好特征之间没有显著的相关性，卡方检验对应的 P 值均大于 0.05，因此不做探讨。

　　从上述研究可见，游客满意度中的硬件设施、软件服务、价格、文化交往都对行为意向有正相关影响，满意度之间也有相互影响，因此要从硬件设施、软件服务、价格和文化交往这四方面来做民宿旅游产品的提升。游客人口学特征中的年龄、职业对满意度有显著影响，游客旅游偏好的选择首要条件、停留时间、出游方式、出游消费对满意度或行为意向有显著影响，因此在做民宿旅游产品创新时需要注意到游客差异，提供多种产品供选择。而游客人口学特征和旅游偏好的相关性，可以让差异性产品更有细节和市场针对性。

第6章　平乐古镇民宿旅游产品创新对策

6.1　平乐古镇民宿概况

平乐古镇旅游的现有研究有分析花楸村发展乡村旅游从而脱贫的经验[①]；针对游客超载问题，探讨了古镇旅游流引导的规划路径[②]；从旅游路线、旅游服务设施、细部设计等方面对古镇的旅游景观规划设计中无障碍设计提出构想[③]；以 TDIS(tourist destination image syste)模式为基础，分析了基于游客视角的平乐古镇旅游形象策划[④]；利用 WebGIS 技术，基于 ArcIMS 9.2 平台设计实现了古镇旅游信息系统[⑤]；认为保护平乐古镇中的"触媒"——特色空间，能持续引导旅游发展[⑥]；指出提升平乐古镇旅游服务质量的对策[⑦]以及平乐景区旅游资源的保护与开发[⑧]。可以看出平乐古镇的研究主要集中在旅游资源保护、旅游形象、旅游流规划、旅游信息系统设计等领域，鲜有对其民宿的相关研究。

6.1.1　旅游资源概况

平乐镇地处成都市西南方向 96 公里，位于东经 103°16′，北纬 30°18′。气候温和、雨量充沛、冬无严寒、夏无酷暑，属亚热带季风气候。平乐镇依龙门

---

① 林光旭，唐建兵. 贫困山村脱贫的一种选择：发掘乡村旅游——对邛崃市平乐镇花楸村乡村旅游的调查报告[J].成都大学学报（社科版），2007，2：54—57.

② 张建. 论古镇旅游流引导规划的路径——以成都市平乐古镇为例[J].旅游论坛，2008，1：49—53.

③ 杨青娟. 旅游景观规划设计中构建无障碍环境的探讨——以平乐古镇为例[J].西南交通大学学报（社会科学版），2008，1：132—136.

④ 王娟. 基于旅游者视角的古镇旅游形象策划研究——以平乐为例[D].成都：四川师范大学，2009.

⑤ 周磊，刘强，戴昌礼，等. 平乐古镇旅游信息系统设计与实现[J].地理空间信息，2009，4：79—81.

⑥ 周有军，黄耀志，李秀，等. 保护古镇中的触媒持续引导旅游发展——探讨四川平乐历史文化古镇保护和发展的方法[J].小城镇建设，2010，5：100—104.

⑦ 杨前，罗仁玉. 提升平乐古镇旅游服务质量调研报告[J].成都纺织高等专科学校学报，2010，2：17—21.

⑧ 张怡然. 平乐景区旅游资源保护与开发规划研究[D].成都：四川农业大学，2012.

山脉，白沫江自西向北流经古镇，早在新石器时代中晚期，即有先民生息繁衍，"稍筑室宅，遂成聚落"，"平落"即因"聚落于平野"而得名，宋代时传为"平乐"，后延续至今①。自古素有盐铁之利、纸竹之饶、酒茶之裕，兼有古临邛，为南丝绸之路第一站，还有第二次国内革命战争时期的邛大特区苏维埃旧址和川康边中国工农红军游击大队司令部旧址。

作为"秦汉古镇、川西水乡"美誉的平乐先后被评为 2008 年国家 AAAA级旅游景区、2009 年第一批中国历史文化名镇、2010 年全国环境优美镇乡。环境优美，历史悠久，整个旅游景区由古镇景区、金华山景区、芦沟景区、骑龙山景区、花楸景区、齐口景区、金鸡沟景区组成。

表 6.1　平乐镇旅游资源汇总表①

序号	景区名 （方向，距古镇距离）	景点	旅游资源类型
1	古镇景区	白沫江、古街巷、水码头、酒坊、会馆、天工别院、字库塔、雷音寺、观音院、冶铁遗址、县衙遗址、古榕树等	自然、人文、社会
2	金华山景区 （镇南方向，2.5 km）	金华山、天宫寺、大明寺、金化寺、字库堂	自然、人文
3	芦沟景区 （镇西方向，1.5 km）	竹沟、佛肚崖、蛮洞子、古驿道、寨子岗、碉堡、战壕、白云庵、七佛寺、古造纸坊	自然、人文、社会
4	骑龙山景区 （镇东方向，1 km）	古驿道（南丝绸路）、茶马古道、烽火台、城隍庙、古驿馆、古官亭、古水井	自然、人文
5	花楸景区 （镇西北方向，8 km）	花楸山、天生桥、蛮洞子、蛮坟、李家大院、朱家大院、望乡台、宗祠、碉楼、古造纸坊、秦庙、三义庙、古茶园	自然、人文、社会
6	齐口景区 （镇北方向，6 km）	齐口沱、齐口庵、大兴寺、石虎寺、崖墓群、竹索桥、碉楼	自然、人文

① 四川省邛崃市平乐镇志编撰委员会. 平乐镇志[M].第二版. 成都：四川人民出版社，2011.

序号	景区名 (方向，距古镇距离)	景点	旅游资源类型
7	金鸡沟景区 (镇西北方向，3 km)	金鸡沟、华祥寺、古碉楼、川主庙、古造纸坊	自然、人文

由表 6.1 可见，平乐兼有人文、自然、社会旅游资源，类型丰富，且古迹众多，"山—水—镇"的整体格局加之"田园—水网—街巷—民居"的休闲格局，具备古镇休闲游、度假游、访古游、宗教游、探险游等多种旅游线路的复合。20 世纪 80 年代开始，平乐镇开始发展旅游产业，经过了 90 年代的积累，2000 年后，开始稳步增长，近 10 年全镇接待游客与旅游收入如表 6.2。

表 6.2　2005～2014 年平乐镇接待游客数量和旅游收入表[①]

年份	游客数量/万人次	旅游收入/亿元
2005	45.2	0.54
2006	148.78	2.06
2007	194.16	3.67
2008	239.01	4.48
2009	276.72	4.96
2010	305.45	5.85
2011	370.99	7.04
2012	411.06	7.89
2013	374.65	6
2014	398.66	6.75

经过 10 年的发展，平乐的游客接待和旅游收入增长约 10 倍左右，旅游已经成为镇域经济主导产业，并获得诸多荣誉。2000 年，平乐镇被纳入邛崃市"一山一城一镇"旅游产业发展构想，2006 年被评为成都市"十佳"旅游景区和首批文明旅游镇，2007 年 11 月获中国生态学学会旅游生态专业委员会、《中国科技报》研究会和中国乡村旅游飞燕奖组委会联合颁发的"中国乡村旅游最佳古村镇奖"。2008 年，平乐镇与成都文化旅游发展集团公司(简称：成都文旅)联合经营，成立平乐景区管委会，属邛崃市政府直接管辖，与镇政府平级，负责平乐的旅游文化产业升级打造，在平乐拥有众多旅游资源的同时，

---

① 邛崃市 2005—2014 年旅游统计情况，内部资料.

还开创了符合当代旅游者的节庆来聚拢人气、强化参与，如天府古镇音乐节、川西民俗文化旅游节、春节大庙会等（图 6.1）。

图 6.1　成都文旅集团的平乐营销图

（资料来源：http：//www. cdctg. com/）

6.1.2　旅游集散枢纽

1. 环城游憩带

吴必虎在 2001 年指出以城市居民为主，并拉动相当数量外来旅游者参与的游憩活动和支持这种活动的游憩设施和游憩土地利用，集中在城市郊区，出现了环绕城市外围，处于近城乡镇景观之中，与中心城市交通联系便捷，利用周末开展具有观光、休闲、度假、娱乐、康体、运动、教育等不同功能的游憩，这些土地利用构成的游憩活动空间称为环城游憩带（ReBAM, recreational belt around metropolis）[①]。

城市周边短程度假，将是相当长时期内城市居民旅游休闲的时尚[②]，在城市居民休闲行为特征上呈现了以下趋势：休闲出游具有明显的距离衰减规律，环城游憩带是理想的近郊游首选地，有距离，能欣赏到不一样的风景；又不太远，减少了远距带来的疲劳感。近郊型旅游大多吸引来自城市中的短时旅游者，行程 1～2 天进行休闲度假，放松心情，这样旅游区的地理位置和交通就显得非常重要。

平乐镇位于成都市西南部，距成都市 96 公里，1 小时车程。国道 318 贯穿其中，还有成温邛高速、邛名高速等，形成比较成熟的交通网络（图 6.2、图 6.3）。优越的地理位置、便捷的交通网路使旅游者的出行变得更加容易，增强了它的可进入性，极大地促进了古镇旅游的发展。

---

① 吴必虎. 大城市环城游憩带（ReBAM）研究——以上海市为例[J].2001，4：354－359.

② 刘德谦. 我国国内旅游的需求现状与前景[J].社会科学家，2002，1：11－22.

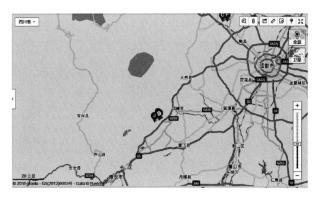

图 6.2　平乐镇与周边市县位置关系图

（图中"1"为平乐镇）

资料来源：http：//map．baidu．com/？newmap＝1&ie＝utf−8&s＝s％26wd％3D

2．周边景区交通枢纽

平乐古镇可以串起邛崃市的天台山、文君井、红军长征邛崃纪念馆、邛窑遗址等景区，邛名高速于 2010 年通车后，平乐古镇更便捷地串联起更多景区。

"邛名高速公路与成雅高速公路联网，可将邛崃白鹤山、竹溪湖、平乐古镇、邛窑遗址、天台山风景区与蒲江石象湖、朝阳湖、名山蒙顶山等旅游景点连成一线，从而将武侯祠、杜甫草堂、金沙遗址、青城山—都江堰、大邑西岭雪山和雅安碧峰峡、上里古镇、周公山等国家、省级风景名胜区和文物景观连接起来，形成旅游高速网络。邛崃沿线本来就是成都市民度假的选择地，邛名高速的通车，将让这些景区更加热闹。"[①] 图 6.3 为成都到邛崃相关高速路政分布图。

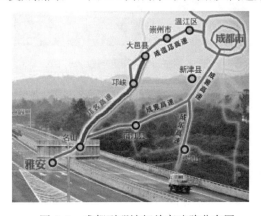

图 6.3　成都到邛崃相关高速路分布图

---

① 50 分钟到平乐，邛名高速串起多个景区[N].华西都市报，2010−11−10.

　　"到邛崃旅游的仍以成都及省内市场游客为主，平乐也一直是游客到邛崃旅游的主要目的地。省内游客主要来自成都、绵阳、德阳、内江、乐山、眉山、雅安、自贡、泸州、南充等地，省外游客以重庆为主。成都市场游客占79%，川渝其他市场游客占19%，省外市场游客占2%。从入住率抽样调查数据所得，节假日期间景区入住率最低达到60%以上，最多时可达到95%以上。就近几年数据来看，邛崃旅游接待80%为散客，20%为团队游客，而散客以自驾游为主。"① 其实作为环城游憩带的旅游资源丰富的平乐，除了是旅游目的地外，其拥有的独特地理位置和交通道路优势：国道和高速公路的串联点，因此平乐还是旅游集散地。兼有目的地和集散地双重功效的平乐，其民居住宿业也很兴旺，特别是作为核心景区的古镇景区，因白沫江穿镇而过，沿江一带是游客最热闹的旅游路线，而依水而住、傍水而住的环境更深受游客喜爱。除了近水环境，游客入住平乐民居的偏好是什么？平乐民宿的硬件设施怎样？游客通过何种途径来寻找自己满意的民宿？民宿给当地百姓带来了怎样的收入改变？民宿之间有无争夺客源的纷争？平乐民宿的未来发展趋势如何？遗憾的是，学术中对平乐民宿研究甚少。

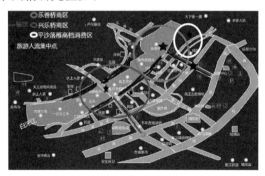

图 6.4　平乐古镇旅游设施分布与游客集中区域图

6.1.3　平乐古镇民宿概况

　　2015 年 9 月笔者对平乐古镇核心景区（图 6.4）的民宿进行了调查。核心景区包括：乐善街、长庆街、顺河街、清河街、福惠街、骑龙街、乐善桥与兴乐桥之间（平面图画圈处），"平沙落雁"区域的住宿②不纳入统计范围，其均为拥有者和经营者分离，不符合民宿需要民宿主人同时是产权拥有者和经营者

---

　　①　邛崃市 2005—2014 年旅游统计情况，内部资料.
　　②　这里的住宿均为中高端型，有在云端、濯樱水阁、八号公馆、七号府邸、莲花府邸、上院、筱石闻香、散花书院、梵花、成都映像等.

的双重身份。古镇景区的民宿约有 200 余家，对其中的 61 间民宿进行了调查，主要涉及民宿基本设施统计、家庭成员民宿分工、民宿投资收入情况等。

1. 房间类型、数量、面积、价格、设施

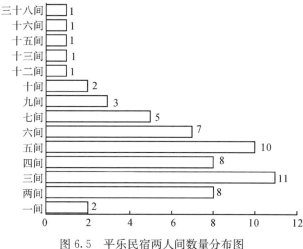

图 6.5　平乐民宿两人间数量分布图

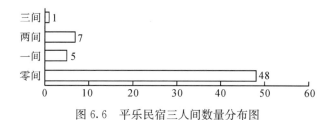

图 6.6　平乐民宿三人间数量分布图

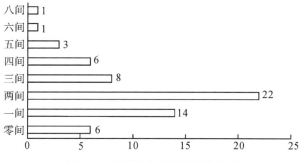

图 6.7　平乐民宿单间数量分布图

在房间类型中数量最少的是三人间，其次是单间，最多的是两人间（图 6.5～图 6.7），其中又以拥有 3 个或 5 个两人间的民宿居多，可见平乐古镇民宿的单个规模并不太大。

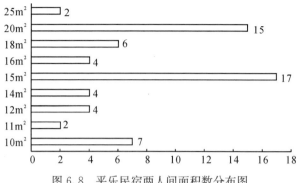

图 6.8　平乐民宿两人间面积数分布图

在房间面积中，两人间面积最多的是 15 m²（图 6.8），而根据《中华人民共和国涉外旅游饭店标准设施设备评分表》(2010)三星级酒店标准两人间客房面积为 20 m²(不含卫生间)，所以大部分民宿房间的面积都达不到三星级酒店的标准。

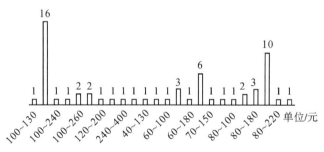

图 6.9　平乐民宿两人间价格数量分布图

由于旅游淡旺季影响价格波动，两人间价格在 100～200 元的最多（图6.9)，不及三星级酒店价格。

在所调查的民宿中，所有的房间都配有淋浴、便池、电视、柜子、椅子、WIFI，看来古镇民宿都关注到了当今游客最基本的生活需求。

2. 餐位数量

图 6.10　平乐民宿餐厅餐位数量分布图

从餐厅餐位数分布图（图 6.10）可知，约 80% 的民宿没有餐厅，有 3% 的民宿可以同时接待 200 名游客用餐。这为没有多余房屋用作民宿的家庭提供了可以做餐饮接待的机会，彼此形成功能互补。

3. 娱乐设施

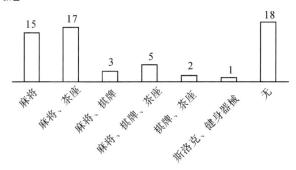

图 6.11　平乐民宿娱乐设施类型数量分布图

在娱乐设施中，最多的就是麻将和茶座（图 6.11），这与到平乐古镇主要的游客来源于成都及其周边市县有关。

4. 安全设施

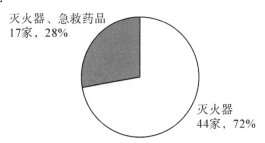

图 6.12　平乐民宿安全设施类型数量分布图

5. 文化交流设施

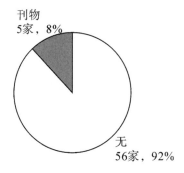

图 6.13　平乐民宿文化交流设施类型数量分布图

在安全设施中，都配置了灭火器，对防火安全还是比较重视的。而文化交流方式不仅单一，还数量稀少，92％的都没有文化交流设施（图 6.12 和图 6.13）。

6. 开业时间

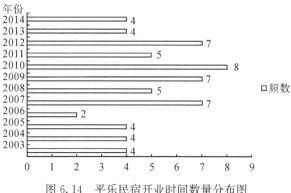

图 6.14　平乐民宿开业时间数量分布图

在调查的 61 间民宿中，各民宿开业时间不一，跨度长达 10 年 。但可以明确的是民宿的出现也是随着古镇旅游的兴旺而发展起来的。2007~2012 年是高峰期，这也和古镇旅游游客数的增加高值时间段相符合（图 6.14）。

7. 物品采买分工

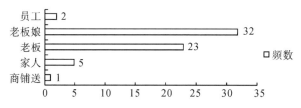

图 6.15　平乐民宿采买物品人员类型数量分布图

8. 烹饪餐饮分工

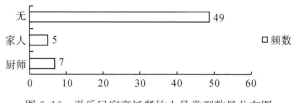

图 6.16　平乐民宿烹饪餐饮人员类型数量分布图

9. 洗涤物品分工

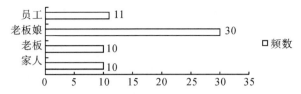

图 6.17　平乐民宿洗涤物品人员类型数量分布图

10. 卫生打扫分工

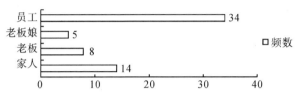

图 6.18　平乐民宿卫生打扫人员类型数量分布图

11. 娱乐表演分工

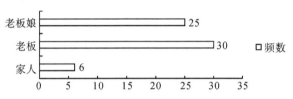

图 6.19　平乐民宿娱乐表演人员类型数量分布图

12. 财务管理分工

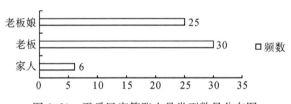

图 6.20　平乐民宿管账人员类型数量分布图

13. 维修分工

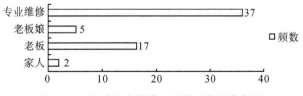

图 6.21　平乐民宿维修人员类型数量分布图

在民宿日常的工作中，可以看出采买物品、洗涤物品、卫生打扫、管账等工作都是老板、老板娘和家人占了绝大部分比例，一是因为大部分民宿的规模就不大，二是因为亲自动手可以节约聘请员工费用。烹饪餐饮因为大部分民宿没有餐厅设施，所以涉及的餐饮分工大部分没有。此外大部分民宿对歌舞表演、聊天等交流形式也不太重视，所以开展得不多，有的也集中在老板和老板娘。房屋、设施维修因为技术性强，所以大部分都是聘请专业施工人员进行维修，简单一点的维修，就由老板和老板娘自己完成。（图6.15～图6.21）

14. 民宿投资来源

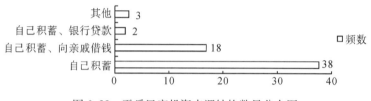

图 6.22　平乐民宿投资来源结构数量分布图

民宿投资来源结构中主要是以自己积蓄为主，其次就是向亲戚借钱，选择银行贷款和其他方式的很少（图6.22），可以看出平乐古镇仍然是中国传统乡土社会的熟人社会。

15. 民宿投资数额

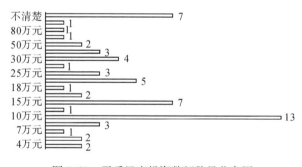

图 6.23　平乐民宿投资数额数量分布图

因为90%的民宿规模并不大，所以35%的民宿投资都未超过10万元（图6.23）。

16. 民宿收入结构

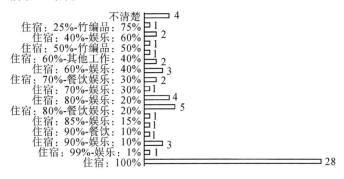

图 6.24　平乐民宿收入结构数量分布图

在民宿收入结构中，可以看出住宿占的比例最大（图 6.24），86.7％的民宿住宿占到了总收入的 60％，甚至其中 45.9％的民宿所有收入全部来自于住宿。

6.2　平乐民宿旅游产品创新原则

6.2.1　游客满意

作为检验民宿产品质量的体验者和评判者，游客有着最直接的体验行动和话语权，因此在产品创新上游客满意是核心原则。根据前文分析，游客满意应在提升标准化服务的基础上开展针对人口学特征和旅游偏好的差异性、针对性服务。

6.2.2　地方文化特色

地方文化特色是民宿产品打造自身文化底蕴的基石，使得民宿产品别具一格而与众不同，并且融入整体文化氛围，以此具备吸引游客的强大动力。地方文化特色的塑造一要从平乐固有的历史文脉、生活民俗中寻找，二来还可以结合民宿主人的个人兴趣和喜好进行民宿产品的文化设计，从而更具个性化和多样化。

6.2.3　村民受益

民宿作为以旅游产业助推新型城镇化的特色产业，其最终目的是希望可以借助民宿旅游提升当地百姓的经济收入和生活品质。作为当地百姓的民宿主人是民宿产品的拥有者和创造者，更是参与者，与游客有着直接的互动交往，他们让民宿产品充满生机和人情味，也让游客满意有了更深层的含义。如果希望民宿产品可持续发展，民宿主人势必要能够切实地从中获取经济收益、文化收益和社会收益，才能保持民宿产品的源动力。

6.2.4　信息技术

信息化技术已经让当今人们的生活发生了翻天覆地的变化，旅游业也经历着巨大的变革，智慧旅游为游客带来了更加便捷的旅游信息、贴心的旅游服务和深化的旅游体验；为旅游企业提供了更加清晰的市场定位、精准的决策、科学的管理，其发展趋势已经深深影响着旅游业。民宿产品的创新在智慧旅游的快车上更需要信息技术的加入（图 6.25）。

图 6.25　平乐民宿旅游产品创新原则关系图

6.3　平乐民宿旅游产品创新理论及路径

6.3.1　熊彼特创新理论

创新（innovation），源自古拉丁语"innovore"，意即"更新，创造新的东西"。工业、农业、商业、军事、教育、金融业、旅游业等几乎所有行业领域都在践行者技术、观念、制度、服务等多维度的创新。创新不断改变着人们的世界，满足着人们不断变化的多种需求，是企业生存和发展的关键，更成了国家的核心竞争力，是当今时代发展的强大助推力，当今无论哪个国家和组织都在力求创新，"创新已经成为一种新的社会经济发展观。"[①]

而创新理论（图 6.26）的首次提出是为了解决企业的发展问题。被誉为"现代创新之父"的美籍奥地利经济学家约瑟夫·阿洛伊斯·熊彼特在他的《经济发展理论》中针对利润、资本、信贷、利息和经济周期运行系统进行了详细的分析，其中最引人注目的是提出了"创新理论"（innovation theory）。熊彼特认为"创新"是经济发展的核心，"是建立一种新的生产函数"，是把一种从来没有过的关于生产要素和生产条件的"新组合"。熊彼特所说的"创新"

---

① 陈文化，江河海. 创新：一种新的社会经济发展观[J].科研管理，2001，1：1—7.

"新组合"包括以下五种情况：①引进新产品；②引用新技术，即新的生产方法；③开辟新市场；④控制原材料的新供应来源；⑤实现企业的新组织。[①]

可见，熊彼特的创新是从企业发展的经济视角考虑，而民宿旅游产品的本质上也是一种个体私人企业的经济成果，故借鉴至此，民宿旅游产品创新路径可从产品创新、技术创新、组织创新、市场创新、供应链创新的五个角度实施。

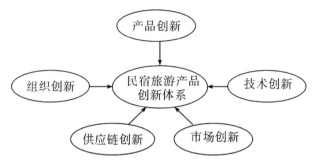

图 6.26   民宿旅游产品创新体系模式图

针对平乐民宿旅游开发的现状，因其还处于初创阶段，其首要任务是发展产品，塑造拳头产品，形成民宿品牌。所以产品创新是核心，组织创新是实施，技术创新是动力，作为两翼帮助产品创新达到高层次；供应链创新、市场创新是推手，拓宽产品创新的销售领域和产业链发展。并且各要素创新的目标是产品要有特色、技术要有互动、组织要有凝聚、市场要有细分、供应链要有整合。所以平乐古镇民宿旅游产品创新体系模式是"一心两翼双推手"，结合前文调研，硬件设施满意度、软件服务满意度、文化交往满意度、价格满意度对行为意向都有显著影响；不同人口学特征和旅游偏好的游客也在满意度、行为意向上有差异。因此在其具体的创新路径中将会重点考虑上述满意度，并结合游客差异。台湾地区的民宿已经走在了大陆民宿的前面，并已形成民宿本质体验的"人情味"特色，故在平乐民宿旅游产品的创新探讨中将会借鉴学习台湾地区的做法。

6.3.2 产品创新

1. 文化特色融入地方纪念品

平乐现有的旅游地方纪念品主要有五大类，多为饮食类（奶汤面、叶儿粑、冻糕、麻饼、千层糕、豆腐乳、豆豉、姜糖、麻花、瓜子酥等）、布艺类（熊

---

① 约瑟夫·熊彼特. 经济发展理论[M]. 何畏，易家详，等译. 北京：商务印书馆，2014.

猫、猴子等动物造型、包）、服装类（民族风情上衣、裤子、裙子、围巾、披肩、丝绸服饰等）、游艺类（弹弓、铁环、水枪、画像等）、工艺饰品类（项链、手串、发夹、簪子、耳环等）、生活用品类（棕丝鞋、草鞋、苦荞枕、牛角梳、钥匙扣、鸡公车、音乐碟等）。"所谓景区，就是义乌小商品市场的各地分店。到景区买商品还不如去义乌，那里应有尽有"游客在接受采访时谈道。诸如此类的旅游纪念品是非平乐所独有，在其余的省内外古镇都可以见到。地方文化特色不仅是地方的文化呈现，也是地方个性的突显，更是让游客留下深刻印象的符号载体，提升目的地旅游形象。因此为了破除古镇同质化现象，促进旅游购物，所以将地方文化特色融入到旅游纪念品中显得非常重要。

结合前文对平乐旅游资源的梳理以及其他地方文化包括"秦汉文化""川西水乡""茶文化""竹文化""纸文化""酒文化""铁文化"等，平乐的旅游纪念品可作如下设计（表 6.3）。

表 6.3　平乐地方文化特色旅游纪念品设计

特色项目	文化内涵	纪念品样态	旅游者需求
秦汉文化	我国封建社会的第一个高峰时期，在文学、史学、数学、科学、雕塑与绘画等诸多方面都有造诣，且位于世界领先水平	1. 小巧地动仪等 2. 书本：《黄帝内经》《神农本草经》《史记》《九章算术》等 3. 雕塑：说唱俑、庙宇微雕等 4. 绘画：石器时代	求知需求 康养需求 文化传承需求 怀旧需求 馈赠需求
川西水乡	平乐的形成为流水沉积或冰川沉积。地下相应深度有河漫滩型泥炭层。出自天台山的白沫江穿镇而过，并接纳了附近的 36 条溪河，水资源丰富	1. 水乡明信片 2. 水乡画扇 3. 水乡刺绣 4. 水乡书签 5. 水乡纪念盘 6. 水力工具微模：水磨、水车等	文化传承需求 怀旧需求 馈赠需求
茶	民国生产毛茶，后改进生产工艺。2004 年"花秋御露"进入人民大会堂，成为全国政协会议用茶。平乐现有四家茶厂	1. 茶叶礼盒：花秋御露、白沫嫩芽、文君新绿等主题 2. 茶具 3. 茶饼 4. 茶书	康养需求 文化传承需求 怀旧需求 馈赠需求

续表

特色项目	文化内涵	纪念品样态	旅游者需求
竹	盛产甜慈、苦慈及白茹竹。竹制品和工艺竹编历史悠久。有"精选料、特细丝、紧贴胎、密藏头、五彩图"的技艺特色	1. 竹编：提篮、筲箕、竹帘、竹席、竹凳等 2. 瓷胎竹编：茶具、花瓶等 3. 竹胎雕漆：笔筒、食盒等 4. 乐器：笛子、箫等	文化传承需求 娱乐需求 怀旧需求 馈赠需求
纸	"成都土纸半平乐"，从宋代开始，平乐为西蜀的造纸之乡	1. 微型的造纸生产工具：槽、篁锅 2. 纸模型、纸雕 3. 剪纸	文化传承需求 怀旧需求 馈赠需求
酒	民国年间开始有酿酒作坊，一直发展至今	1. 红苕酒、古镇特供酒、杏花村酒 2. 微型的酿酒生产工具：酒窖 3. 酒杯、酒壶等酒具	求知需求 怀旧需求 馈赠需求
铁	民国年间铁器作坊盛行，做工精细，刃口不卷不崩。现代仍有铁匠铺营业	1. 微型的生产工具：铁锹、铁犁、等 2. 铁画 3. 铁艺模型：自行车、机器人等	文化传承需求 怀旧需求 馈赠需求
美食	五味调和百味出。平乐百姓擅用葱、姜、蒜"三香"和辣、胡、花"三椒"以及地产豆豉、豆瓣、大酱等佐料，即可烹饪出家常味、鱼香味、豆瓣味、咸鲜味、酸辣味、麻辣味、葱油味等	1. 菜肴：汤白肉、罐罐肉、碗碗羊肉、油烫鸭、钵钵鸡、奶汤面、腐乳、盐萝卜、甑子饭、吃儿碗等 2. 将上述菜肴开发成可带走的独立包装	美食需求 馈赠需求

这些纪念品既可开设专卖店售卖，又可摆放于民宿中装饰与售卖，一来增添了平乐的特色形象，二来可以增加旅游购物收入。

2. 萦绕地方氛围的主题活动举办，利用已有主题进行粘连性创新

作为中国历史文化名镇、中国民间文化艺术之乡的平乐，其实是拥有数量众多并且历史悠久的民间文化习俗和艺术，特别是在现今对传统文化的渴望和自我身份认同的需要，由"秦汉文化"开启的古韵氛围一直是让游客钟情的元素。结合平乐的习俗与艺术文化，其可以设计的主题活动如表6.4。

表 6.4　平乐民间习俗氛围旅游主题活动设计

习俗类型		时间	习俗文化内涵	主题活动
传统	春节	农历正月初一	除旧迎新	一．春节习俗大联展 1．洒扫、祭神、祭祖 2．贴门神、放鞭炮、吃"刀头"、吃九碗 3．送财神 4．舞彩灯、"百果天灯" 5．祈福墙
	春分	农历 2 月	耕种	一．耕种体验 1．鸟糍粑、春牛图 2．春官说春：五戊歇工、开秧门、送幺台、除杂草、守秋、挖冬地 3．放风筝
	城隍庙会	农历 3 月 11 日	城隍	一．城隍庙会 1．祭祀城隍 2．看戏、抢童子 3．社火：高杆、朝山、平台、阴差、耍灯、傩舞
	清明	公历 4 月 4 日 ～4 月 6 日	祭祖、春耕、春游	一．祭祖会 1．大姓宗族祭祀 二．春耕会 1．春耕体验 三．春游会 1．游百病 2．插柳、干油菜 3．放河灯
	端午	农历 5 月初 5	纪念屈原、祈求健康	一．屈原祭 1．楚辞等诗歌朗诵 2．吃粽子、包粽子 3．划龙舟 二．祈健康 1．菖蒲、艾蒿 2．五彩丝线纪念品

续表

习俗类型		时间	习俗文化内涵	主题活动
传统	七夕	农历 7 月初 7	纪念牛郎织女、土地祭祀	一．中国情人节 1．乞巧、赛巧 2．女儿节 3．情歌赛 二．土地祭 1．土地神会 2．戏班酬神
	中元	农历 7 月 15	盂兰盆会，超度亡灵	一．盂兰节 1．盂兰盆会
	中秋	农历 8 月 15 日	祈求团圆，思念亲人	一．祭月会 1．祭月仪式 2．赏月、吃月饼
	重阳	农历 9 月初 9	九皇日、敬老、思乡	一．九皇节 1．纪念九皇降生 2．素食 二．敬老 1．敬老诗歌、老年书画 2．重阳酒、重阳糕 3．赏花
现代	音乐节	不定	《平沙落雁》又名《雁落平沙》，是一首汉族古琴名曲。借大雁之远志，抒逸士之心胸。以传统为起点，结合当下流行元素和曲风，创建音乐节	一．传统音乐艺术节 1．传统名曲欣赏 2．地方名曲欣赏：牛灯报门 3．民乐会、歌唱比赛 4．民乐器演奏体验 二．流行音乐艺术节 1．流行音乐欣赏 2．流行音乐会、歌唱比赛 3．流行音乐演奏体验
	古技节	不定	以技艺作坊的形式将平乐的民间传统技艺进行展示，提升现在的"天工开物"园	一．丝绸坊 1．蚕桑养殖 2．纺织技术、工具 二．酒坊 1．酿酒技术 2．酒文化：酒器、酒诗 三．纸坊 1．造纸技术 2．纸文化：工具、诗歌 四．竹坊 1．竹胎技术 2．竹文化：工具、诗歌 五．染坊 1．渲染技术 2．染文化：工具、诗歌 六．铁文化 1．打铁技术 铁文化：工具、诗歌

民俗中的傩面游行是为了祭祀古代的神祇。装扮者手持棒斧，头戴威武、狰狞的面具，部分面具直鼻、方额、大耳、纵目，颇似古蜀王蚕丛。傩舞“源于原始社会图腾崇拜的傩祭。是为早在两千多年前即已程式化的驱鬼逐疫祭祀仪式。”① 傩舞展现了平乐悠久又神秘的历史。吃九碗是平乐乡村人间婚丧嫁娶、新居落成、儿女出生等为了宴请宾客而准备的酒席，引起为九道主菜，故名“吃九碗”，也叫作“坝坝宴”。乡间流传的《九碗歌》：“主人请客吃九碗，席桌摆满碗和盘。头碗肝腰镶爆肚，二碗仔鸡炖香菇，三碗肉丝炒韭黄，四碗大肉焖豆腐，五碗肚条脆酥酥，六碗肘子肥噜噜，七碗墩子大坨坨，八碗鲜鱼满垛垛，九碗粉丝带皮汤，大碗喝酒饭干饱。”《九碗歌》展现了平乐的物产富饶、烹饪多样与乡邻友睦的美好画卷。

以“平沙落雁”为基础打造的“音乐小镇”形象是平乐的新亮点，以当代流行音乐为主线串起民俗，营造“田园牧歌”的怀旧和悠闲意境，深受游客喜爱。“平乐，悠闲自在”“洗尽铅华、爱慕悠闲”“那些旧时光，我们穿梭在平乐的日子”“平乐平乐，平淡即快乐”，不难看出这些来自于著名旅游网站蚂蜂窝上的游客评价都喜爱其悠闲感受（图 6.27）。

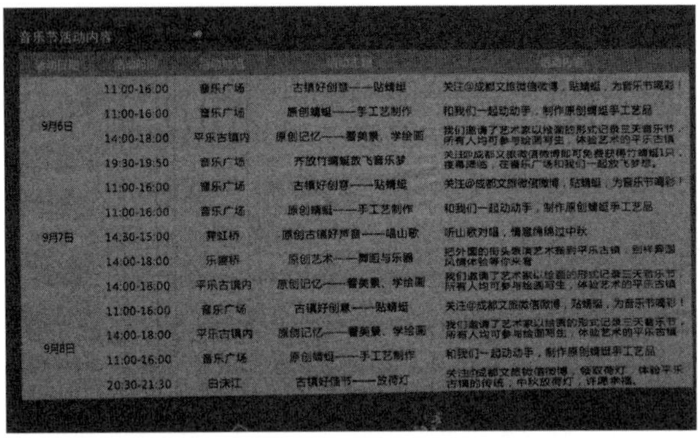
音乐节活动内容

9月6日	11:00-16:00	音乐广场	古镇好创意——贴蜻蜓	关注@成都文旅微信微博，贴蜻蜓，为音乐节喝彩！
	11:00-16:00	音乐广场	原创蜻蜓——手工艺制作	和我们一起动动手，制作原创蜻蜓手工艺品
	14:00-18:00	平乐古镇内	原创记忆——看美景、学绘画	我们邀请了艺术家以绘画的形式记录三天音乐节，所有人均可参与绘画写生，体验艺术的平乐古镇
	19:30-19:50	音乐广场	齐放竹蜻蜓放飞音乐梦	关注@成都文旅微信微博即可免费获得竹蜻蜓1只，[illegible]，在音乐广场和我们一起放飞梦想。
9月7日	11:00-16:00	音乐广场	古镇好创意——贴蜻蜓	关注@成都文旅微信微博，贴蜻蜓，为音乐节喝彩！
	11:00-16:00	音乐广场	原创蜻蜓——手工艺制作	和我们一起动动手，制作原创蜻蜓手工艺品
	14:30-15:00	[illegible]桥	原创古镇好声音——唱山歌	听山歌对唱，情意绵绵过中秋
	14:00-18:00	乐善桥	原创艺术——舞蹈与乐器	把外国的街头表演艺术搬到平乐古镇，别样异国风情体验等你来看
	14:00-18:00	平乐古镇内	原创记忆——看美景、学绘画	我们邀请了艺术家以绘画的形式记录三天音乐节，所有人均可参与绘画写生，体验艺术的平乐古镇
9月8日	11:00-16:00	音乐广场	古镇好创意——贴蜻蜓	关注@成都文旅微信微博，贴蜻蜓，为音乐节喝彩！
	14:00-18:00	平乐古镇内	原创记忆——看美景、学绘画	我们邀请了艺术家以绘画的形式记录三天音乐节，所有人均可参与绘画写生，体验艺术的平乐古镇
	11:00-16:00	音乐广场	原创蜻蜓——手工艺制作	和我们一起动动手，制作原创蜻蜓手工艺品
	20:30-21:30	白沫江	古镇好佳节——放荷灯	关注@成都文旅微信微博，领取荷灯，体验平乐古镇的传统，中秋放荷灯，许愿幸福。

图 6.27　成都文旅 2014 年平乐古镇音乐节活动展示图

通过对传统节庆和当代节庆的打造，第一，即能体现平乐悠久的历史与传统习俗，打造“古韵”特色；第二，还能对很多民间技艺进行活态保存，实现可持续发展；第三，时节基本延续了一年，可以起到平衡淡旺季，增加产品销售时长；第四，进行参与式体验设计，可以强化旅游者多角度体验。部分节庆

① 四川省邛崃市平乐镇志编撰委员会. 平乐镇志[M]. 第二版. 成都：四川人民出版社，2011.

活动还可以在夜间进行，开展"夜游"的形式，为旅游者在平乐多停留提供了先决条件，也为民宿创造了良好的氛围环境，甚至部分节庆或技艺的传承者就为某一民宿主人。第五，开展定制体育赛事，创新节庆。如 2015 年平乐古镇推出的"缤纷 10 公里"，5000 人跑"微马"[①]。如图 6.28 所示，有的参赛者甚至提前一天便自驾到了平乐。5000 多名参赛者的到来，让古镇的餐馆热闹非凡，几乎所有饭店都座无虚席，古镇人乐开了花，纷纷表示这热闹的场景比旅游旺季还"火爆"。定制赛事能够在产业推动以及旅游文化融合发展上发挥出更大的作用。

图 6.28　2015 年平乐"微马"定制赛事现场图

3. 设置差异个性化产品专属，建立多样化产品体系

民宿与酒店的不同之处就在于它比较遵循游客的个性化、差异化体验，其硬件设施没有酒店豪华和讲究，但是它与周围环境的融合、居家式的布置，会让游客有一种"在家"的感觉，放松、惬意与休闲是带给游客的主要感受。"房间设施虽然比不上酒店的豪华但我个人比较喜欢柏木家具，让我感觉到身处大自然之中一样，淡淡的柏木香让我没有失眠的烦恼。美好的睡眠给了我一个美丽的心情，也给了我一个美好的周末。又要到周末了，今晚的月亮最圆最亮，好想坐在客栈的天井中看月亮，享受月光撒在身上的那份惬意。真想过去

---

① 孟武斌. 体育创新求突破"定制赛事"上演压轴戏，5000 多人平乐古镇跑"微马"[N]. 成都晚报，2015-12-18（第 12 版）.

住两晚，不一定是看风景，也许只是有点贪恋那一份宁静与详和!"① 因此针对游客的各自喜好设置差异性的民宿设施，在视觉、形态、图案、色彩、材料与工艺的体验中能有效提升游客满意度与行为意向。

首先，设置民宿住宿设施与装修个性化风格（表6.5）。

表6.5　平乐民宿住宿风格设计表

住宿风格类型	意境	设施	装饰
传统古典风	讲究对称、阴阳平衡	回字纹、木质雕花家具、高空间、大进深	黑红褐(总体)＋黄蓝绿(局部)；陶瓷、中式窗花、字画、中国结、龙、凤、龟、狮等图案
现代简约风	简洁但精准	材料质感高、讲究空间层次与光影的交错	黑白灰为主调，多以无印花或无图案的整片素色形成对比或协调
乡村田园风	回归自然，摒弃繁琐、奢侈，力求悠闲、宁静与环境相和谐	木材、石材、竹器等自然材料	绿白灰为主调，过渡自然，图案多以自然环境为主，温暖与温馨

其次，设置多样化的民宿娱乐产品。娱乐产品是在民宿进行当地文化体验的一个重要环节，可以弥补"白天看景，晚上睡觉"的单一式观光旅游，深化体验。根据游客需求、平乐地方文化和民宿主人自身特长，可以有丰富多彩的娱乐主题设计，开展针对游客的定制式体验参与（表6.6）。

表6.6　平乐民宿娱乐产品设计

娱乐产品类型	游客体验	适合民宿
酒坊	酒知识与文化、品酒、DIY酒：磨碎、煮烂、加曲、发酵、蒸馏	有自制酒经验与简易设备
纸坊	纸知识与文化、赏纸、折纸、DIY纸：选材、捣碎、纸浆、去杂、漂白、去水、压光、成形	有造纸经验和简易设备
竹坊	竹知识与文化、赏竹、DIY竹工艺品：竹筒、竹杯、竹筷、竹篮、竹凳等	有竹编经验和简易设备

① 资料来源：QNE——PL——164。编码说明：网站名首写字母——平乐首写字母——评价编号。本书将从网站收集的对平乐古镇民宿的在线评价全部汇集成EXCEL表，网站主要有去哪儿（QNE）和携程（XC）。下同。

续表

娱乐产品类型	游客体验	适合民宿
陶吧	陶知识与文化、赏陶、DIY 陶工艺品：练泥、拉坯、印坯、利坯、晒坯、刻花、施釉、烧窑、彩绘	有制陶经验和简易设备
玻吧	玻璃知识与文化、赏玻、DIY 玻璃工艺品：灯炬热塑、烤弯等	有制玻经验和简易设备
歌吧	唱歌知识与文化、唱歌、录歌、DIY 歌碟	有唱歌、音乐经验和简易设备
戏吧	戏曲知识与文化、唱戏、录戏、DIY 戏碟	有唱戏、音乐经验和简易设备
画吧	绘画知识与文化、赏画、DIY 画：油画、素描、国画、沙画等	有绘画经验和简易设备
书吧	书籍知识与文化、读书、交流、DIY 书：线装书、图画书	有读书经验和简易设备
麻将吧	麻将知识与文化、赏麻将、DIY 麻将比赛和交流	有麻将经验和简易设备
纸牌吧	纸牌知识与文化、赏纸牌、DIY 纸牌比赛和交流	有纸牌经验和简易设备
自行车吧	自行车知识与文化、DIY 骑游	有骑游经验和简易设备
美食吧	美食知识与文化、品美食、DIY 美食	有烹饪经验和简易设备
乐器吧	乐器知识与文化、赏乐器、DIY 乐器：竹笛、鼓、口琴等	有制作乐器经验和简易设备
桌游吧	桌游知识与文化、赏桌游、DIY 桌游参与：三国杀、运转潮汐等	有桌游经验和简易设备
桌球吧	桌球知识与文化、赏桌球、DIY 桌球参与：台球、手上冰球、手上足球	有桌球经验和简易设备
密室吧	密室逃脱知识与文化、DIY 密室逃脱参与：战争类、动漫类、影视类等	有密室设计经验和简易设备

　　平乐民宿娱乐产品以三个方式让游客体验：第一，产品的相关生产知识与文化内涵的介绍与呈现，满足游客了解知识的需求，为后续两个方式作准备；第二，欣赏或品鉴相关成品，熟悉产品的成型样态，满足游客赏美的需求；第三，游客 DIY（Do It Yourself 的简称）产品，开展自主定制式设计，满足其对产品的最终体验和个性化创造。三个方式从旅游美学上可以实现游客审美的层层递进：从最开始以了解为主的悦耳悦目到以品鉴为主的悦志悦神，再到以亲身自制的悦心悦意。

　　诸如此类民宿的娱乐产品，可以深化不同游客的差异性体验，根据民俗各自情况和优势，从整体上形成了不同档次和类型的娱乐体验产品，构建了完整的产品体系，供游客多样化的选择。此外民宿娱乐产品，还能实现以下三点功效：一来可以体现平乐当地的文化、土特产品、休闲氛围，强化平乐独特的旅游形象；二来也为民宿主人进行相关知识、文化、记忆传承开拓了旅游空间，并且大部分都与其日常的生产与生活相关，在设备和经验方面较易上手；三来还可以为民宿增收。结合到现代科技的发展，部分有条件的民宿可以配置 3D 打印技术，对传统产品进行创新（如 3D 打印陶瓷）。

4. 以地方特色或个人魅力进行文化交往，体现民宿人情味

民宿最能吸引人的地方就是它的人情味，而这种人情味更多地体现在人与人的交流上，特别是主人与游客的交流互动不仅深化了游客对地方文化的了解和体验，更能让游客发现东道主的"好客之道"，感到窝心与温暖，而同时这样的民宿也通过主人独特的魅力塑造了差别化竞争力，避免了同质竞争。而目前平乐民宿主客的文化交流设施主要通过刊物等静态形式，这还远远不够，民宿主人可以根据自己的特长、兴趣与资源开展立体的、丰富的、多层次的文化交流。

第一类：关怀温暖类。"第一次给一个酒店吆喝。不光环境很幽静，装修有特色，老板人真的太 nice 了。看到我们带着小朋友，马上给我们调整了间最安静采光最好的房间。早餐不算丰富，但是感觉很用心，小菜包子味道都好，看到小朋友没怎么吃，还特意装了不少让带走给小朋友吃。雨过天晴的早上站在三楼平台，视野很好，心境也宽了，家庭幸福才会真正的内心满足。"（资料来源：QNE——PL——230）"服务很好，环境也很好，干净卫生。老两口人非常热情实在，让我想起来我的爸爸妈妈"（资料来源：QNE——PL——321）细致的关怀，犹如在家，酒店提出的"宾至如归"在民宿中得到了具体的落实和更丰富的呈现，让游客想起了家，想到了家，满足感与幸福感从内心深处油然而生。

第二类：兴趣技艺类。"如梦客栈老板是个有趣的大爷，自己做茶，有处方正的院子，养着一些花草。闲聊起来，大爷做过镇长、书记、农业局长。退休后建兰棚摆弄兰花，赔了很多，角落里那盆当时也要五千元。真是，人生如梦，何曾梦觉，愿大爷身体健康，万事如意。"（资料来源：QNE——PL——57）"今年这个时候又来了。感觉如初，很亲切。老板爷爷身体还是那样棒。希望爷爷奶奶身体健康，把客栈一直经营下去。"（资料来源：QNE——

PL——109)主人的兴趣既可以提升自己的生活情趣，同时也能给民宿带来与众不同的亮点。而且这一类还可以与上面的民宿娱乐产品结合，强化游客个性与民宿特性体验相结合。

第三类：个人经历类。"2011 年 8 月，我们一行四人准备前往川藏线旅行，在平乐住了两晚，前一家的老板给我的价钱竟然不含空调，我们游荡一圈在古镇核心区遇到这家店的老板'凯哥'，凯哥得知我们走 318，随后把整条线的要点和安排讲给我们听……原本只留一天的，都被凯哥的经历所折服，因此我们多待了一天，凯哥还是四川山地救援队的副队长，'5·12'在映秀与他的兄弟们转移'漩口中学'全校师生，使我们无比敬佩……有空到他客栈去坐坐！全力推荐！"（资料来源：QNE——PL——555）"凯哥"的登山游历经验以及地震救援塑造了坚毅、关爱、有担当的个人形象，与他的交流，是住宿游客不曾预想到的额外惊喜。此类民宿主人一般都拥有不寻常的人生经历，他们在这种历程中所历练出的态度、经验、感悟能对生命与生活有更深层次的理解，交流之于游客，对于游客也是一种启发，而旅游本身具备的通过空间转换的异地接触让游客换种心情撷取生命力量与智慧在这里得以充分体验。

第四类：农事体验类。部分民宿在自家的农田、果园里还有蔬菜和水果，也可以邀请游客进行农事采摘体验。"好高兴！老板还带着我们到他的田里去摘黄瓜，嫩嫩的、绿绿的、又新鲜又环保。晚餐里有下午摘的蔬菜。好香，好脆。"（资料来源：QNE——PL——146）"看着又大又红的西红柿，我们的口水都要掉下来了。老板说要想选到甜的，就要看它的蒂那里是不是圆的。回到客栈，做了番茄拌白糖，特别像妈妈小时候做的味道。"（资料来源：XC——PL——52）农事采摘既可以丰富游客的游程，还能体验到乡土活动，更能回忆起"家人的味道"。

民宿主人与游客的文化交往有多种类型，几乎每家主人都可以找到自己与游客交往的切入点。而这种交往大大强化了"人情味""家的感觉""亲人的味道"，而这是酒店很难做到的。

6.3.3　技术创新

1. 产品传统技艺可视化展示与互动

对于前文提及的民宿娱乐产品如酒坊、纸坊、竹坊、陶吧、玻吧、歌吧、戏吧、画吧、书吧、麻将吧、纸牌吧、自行车吧、美食吧、乐器吧、桌游吧、桌球吧、密室吧的相关知识与文化介绍时，除了照片、书籍等文本式的静态呈现外，还可以借助当今的信息技术与设备实施动态化体验。

第一类：视频与数码相框展示，播放视频与电子相片。数码相框（digital photo frame）不再用纸质相片的方式来展示，而是通过一个液晶的屏幕显示，并能设置循环显示的方式，比普通的相框更灵活多变，呈现了一个新的展示空间。其储存大、画面清晰、多功能：同步欣赏音乐、查看时钟日历等；并且具备环保性、趣味性、同时性（链接蓝牙，同步传播）。

第二类：二维码扫描个性化体验。二维条码/二维码（2-dimensional bar code）是用某种特定的几何图形按一定规律在平面（二维方向上）分布的黑白相间的图形记录数据符号信息，再通过图像输入设备或光电扫描设备自动识读以实现信息自动处理。运用在民宿相关娱乐产品中既可以实现信息获取（知识、资料）、网站跳转（至网站、手机、微博等即时分享在社交平台）、广告推送（用户扫码，直接浏览商家推送的视频、音频广告）、手机电商（用户扫码、手机直接购物下单）、防伪溯源（用户扫码、即可查看生产地；同时后台可以获取最终消费地）、优惠促销（用户扫码，下载电子优惠券，抽奖）、会员管理（用户手机上获取电子会员信息、VIP 服务）、手机支付（扫描商品二维码，通过银行或第三方支付提供的手机端通道完成支付），完成一整套的了解、分享、支付等体验。

第三类：体感游戏的互动化体验。体感游戏（motion sensing game）：用身体去感受的电子游戏，突破以往单纯以手柄按键输入的操作方式，通过肢体动作变化来进行（操作）的新型电子游戏。根据平乐地方文化特色，可以设计茶马古道的虚拟行走、市邑形成等体感互动游戏，可以采取目前流行的 VR（virtual reality）设备。

2. 绿色化技术

在环境恶劣变化的今日，作为新兴的业态民宿也需要可持续发展，采用环保理念和行为，实现向"绿色民宿"的转变，这对民宿主人、游客、乡村地区都有着重要意义。因此在现有的平乐民宿产品中需要实施以环境友好为理念的 4R 技术，在民宿建设和经营管理过程中，以节约资源、保护环境为理念，为游客创造更加安全、健康服务的民宿产品，塑造民宿环保绿色形象。

4R：再减少（reduce）、再使用（reuse）、再循环（recycle）、再恢复（recover）。

具体应用在民宿产品中可以有以下措施。再减少（reduce）：在建筑外观利用玻璃窗户与墙面之间凹凸，减少室内温度因室外温度的影响而提高。去掉餐具等不必要的包装，客房内不提供一次性洗漱用品，鼓励游客用自己的牙膏、牙刷、杯子、毛巾等。客房内多采用 LED 节能灯泡、太阳能或电能热水器。盥洗时采用生物分解之清洁剂，节水龙头、节水马桶。再使用（reuse）：对于连续入住的游客建议除特殊情况外，不必每日更换床单，再次使用，以减少水、电的用量以及织物、设备的磨损和洗涤工作量。对于使用的办公用品建议多次使用，如打印纸双面利用以提高使用率。再循环（recycle）：做好垃圾分类，可回收和不可回收类，便于垃圾回收。再恢复（recover）：通过在庭院种植花草树木或者客房内摆放盆栽的方式来净化空气、补偿绿地的减少。

民宿的环保还应提供健康食品。多为有机种植，不用农药、不用化肥、不用催长剂、只使用有机肥（沼液、堆肥），利用人工、灭蛾灯、作物间（套）种、中草药等生物手段除虫防病，不搭大棚、不种反季节菜、作物完全自然生长。

6.3.4　市场创新

1. 稳固近程市场，努力开发中远程市场

平乐现有的游客基本上都是成都市及其周边的游客，以近程为主，其中远程市场还有很大挖掘潜力。如果中远程的游客增多，那么平乐民宿的住宿率将会大幅提升。平乐可以多参加市、省级别的旅游发展交易会，塑造整体旅游形象，提升知名度和美誉度。展会期间做好旅游形象宣传和展示、旅游资源宣传和推介、旅游商品展示和贸易洽谈、旅游产品宣传和推广、旅游企业对接和洽谈等，开展分发平乐旅游指南、特色民宿、平乐旅游地图、平乐旅游袋、平乐旅游线路等资料、平乐特产、特价景区门票等一系列宣传活动。

2. 开辟避暑、老年旅居市场

平乐常年平均温度为 16.3℃，6、7、8 月夏季的温度约在 25.6℃，加之有白沫江贯穿古镇景区，因此气候宜人，非常适合夏季避暑、老年旅居市场的开拓。中国老龄科研中心发布的《中国旅居养老发展报告》显示，我国老年人在异地养老方面比较有优势。从年龄结构来看，我国 60～69 岁低龄老年人仍是老年人口的主体。2014 年，低龄老年人占到老年人的一半以上（53.2%），且全国空巢老年人比例接近一半，城市空巢老年人的比例（52%）明显高于农村（44.6%）。超过 27.9% 的老年人自评健康状况"较好"或者"很好"。一家机构还曾对北京、重庆、哈尔滨、成都等 50 岁以上的城市老人做过调研，这些老人中 70% 以上表示有兴趣和意愿参加旅居养老。旅居式异地养老不仅会成为未来养老服务体系中重要的组成部分，还为景区创造了新的商机。平乐清爽的气候、缓慢的生活节奏、自然的田园风光、流淌的悠绵江水、便利的交通条件、包容的人际氛围，完全适合老年旅居养生市场的开发。老年旅居少则 1 个月，多则 2～3 个月，而且老年游客在民宿选择上就熟不就生，不会轻易更换，为平乐民宿增添了稳定持久的客源。

3. 开辟科教游、传统手工艺修学游

在前文产品创新的基础上，平乐的民宿产品、购物产品、娱乐产品等已经种类繁多，形成了传统民俗与手工艺的集聚，并且配合平乐古镇的古风古韵，富有地方特色的旅游纪念品、旅游节庆、民宿娱乐项目等，川西民俗风情展已初具规模。在此基础上开展科教学生游、传统民俗及手工艺研学游将会吸引新的客源，同时也是针对游客人口学特征的差异开发的定制市场，还能缓解淡旺季问题。

民宿已经不再只是承担住宿功能的"容器"，而是已经有了吸引功能的"磁极"，从单一的住宿设施转变成了具有人情味和地方特色的旅游吸引物。

6.3.5 供应链创新

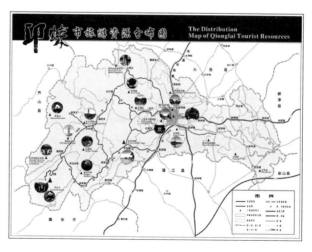

图 6.29 邛崃旅游资源分布图

1. 周边联动形成区域旅游组合

平乐古镇可以串联起整个邛崃市的旅游资源（图 6.29）。向西一小时可以到天台山,向东两小时可以到文君井、白鹤山、竹溪湖。然后到火井镇看古火井遗址,再经高何、夹关回到平乐。因此平乐可以与周边景区联动,形成区域旅游组合,而在此种组合中,平乐的闲静、亲水、交通的便利、民宿的普及都成为游客选择住宿的首选之处。区域旅游的格局形成之后,首先可以整合区域内的旅游资源,形成丰富的旅游产品;其次通过龙头景点的辐射效应,可以实现"以热带冷"的资源帮扶;再次通过建立区域旅游合作机制,打造环邛崃旅游合作典范。开创"热点引领、重点带动、各具特色、整体发展"的新格局。而要形成区域旅游组合,各景区之间可以通过线路设计引导、穿梭巴士、门票互订优惠等来实现。其中,重要的抓手是全面加快旅游信息化建设。要通过信息技术的运用实现旅游公共服务体系的现代化。通过入户终端和移动终端提供及时、准确、完备的信息咨询服务,尽快实现旅游市场监管和游客投诉、维权的信息化全覆盖。

2. 旅游体验一卡化,实施旅游联盟

区域之间的合作有了改进,区域内的旅游产业链如何整合?平乐古镇景区可以率先仿照成都最佳旅游联盟,通过旅游体验一卡化的联盟机制,整合旅游产业链上的吃、住、行、游、购、娱要素,实现全域旅游。设计平乐旅游一卡通,周边景区+民宿+餐饮+酒吧+娱乐作坊+生活超市+纪念品商店+自行车租赁……带动旅游产业的整体发展,在满足旅游者的旅游与生活需求的同时,也让以不同资源参与到旅游中的平乐百姓可以各有所获,共享旅游红利。

3. 民宿产品引入电商宣传与营销

根据现有电商的民宿预订统计,62.6%的中国在线客栈民宿预订用户为女性;26~35 岁的用户是中国在线客栈民宿预订用户的主体,占 50.7%的份额,其次是 18~25 岁的用户,占 38.0%。[①]

表 6.7　平乐的游客满意度中的性别、年龄分布

问项	类型	频数/人	百分比/%
性别	男	109	47.8
	女	119	52.2

---

① 易观智库:中国在线客栈民宿预订市专题研究报告[EB/OL].2014.09.

续表

问项	类型	频数/人	百分比/%
年龄	18 岁以下	18	7.9
	18～28 岁	93	40.8
	29～40 岁	61	26.8
	40～55 岁	45	19.7
	55 岁以上	11	4.8

表 6.8　民宿预定渠道分布

问项	类型	频数/人	百分比/%
民宿预定渠道	网站	47	20.6
	电视、报刊	13	5.7
	微博或微信	14	6.1
	他人推荐	45	19.7
	临时寻找	109	47.9

从表 6.7 和表 6.8 来看，来平乐的游客在 18～28 岁的比例为 40.8%，属于人数最多的类型，通过网站、微博、微信的预订渠道有 26.7%，47.9% 是临时寻找，所以平乐民宿通过电商营销网络预订还有较大的上升空间。

电商营销可以将民宿的硬件条件、设施设备、装修风格、周边环境、交通距离、销售价格等信息在出发前的预定中让游客提前知晓，还可以提供入住过的游客评价作为预定与否的决策参考，特别是针对远程游客的吸引与落实电商平台更有优势。所以引入电商营销可以满足游客需求的精准定位与偏好匹配，找到适宜的民宿住宿。同时，电商营销由于在网上已经寻找到游客销售，所以还可以避免或减少到达平乐古镇景区现场的民宿主人之间的抢客，缓解邻里关系。

所以现有的平乐民宿应将自己的民宿产品与电商合作，进行网上销售（图 6.30、图 6.31）。常见的 OTA（online travel agent）有：携程网、去哪儿网、同程网、村游网、号码百事通、旅游百事通、驴妈妈旅游网、百酷网、8264、出游客旅游网、乐途旅游网、欣欣旅游网、芒果网、艺龙网、搜旅网、途牛旅游网。其中以去哪儿网的民宿数量最多。"中国在线客栈民宿预订市场正处于爆发式增长期，2014 年第 2 季度在线客栈民宿预订市场规模达到 1.3 亿元，环比增长 58.5%，同比增长 333.3%；市场集中度较高，86.7% 的市场份额集中在去哪儿、携程和艺龙，其中，去哪儿市场份额最高，达到 51.6％"①

图 6.30　去哪儿网民宿预订网页图

图 6.31　去哪儿网平乐古镇民宿列表图

4. 民宿的自媒体宣传与营销

表 6.9　民宿主人认为自家需要解决的问题

问项	类型	频数/次	百分比/%
民宿自家需要解决的问题	资金投入改善民宿条件	18	29.5
	提升服务技能	5	8.2
	多渠道宣传	27	44.3
	增加地方文化的体验	11	18.0
	总计	61	100.0

在针对民宿主人的调查中，民宿主人认为自家需要解决的问题主要是多渠道宣传，占 44.3％；其次是资金投入改善民宿条件，占 29.5％；以及增加地

---

① 易观智库：中国在线客栈民宿预订市场专题研究报告[EB/OL]. 2014.09.

方文化的体验占 18%（表6.9）。可见多渠道宣传仍然是民宿主人最关心的话题。除了在销售中引入电商平台以外，部分有意愿的民宿还可以利用"自媒体"技术与平台，开展个性化有针对性的自媒体宣传与销售。

自媒体（We Media）又称"公民媒体"或"个人媒体"，是指私人化、平民化、普泛化、自主化的传播者，以现代化、电子化的手段，向不特定的大多数或者特定的单个人传递规范性及非规范性信息的新媒体的总称，即公民用以发布自己亲眼所见、亲耳所闻事件的载体。自媒体平台包括：博客、微博、微信、贴吧、论坛/BBS 等网络社区。多数自媒体平台以手机等无线设备为主，"截至 2015 年 6 月，我国手机网民规模达 5.94 亿……由于移动端即时、便捷的特性更好地契合了网民的商务类消费需求，2015 年上半年，手机支付、手机网购、手机旅行预订用户规模分别达到 2.76 亿、2.70 亿和 1.68 亿，半年度增长率分别为 26.9%、14.5% 和 25.0%"[①]。因此，平乐民宿主人可以用自己的手机开通自家博客、微博、微信、"大众点评"等网络社区从而发布自己的民宿信息：房间类型、住宿条件、价格优惠，还可以实行预定、支付等功能，这些开通手续都非常便捷，且易于维护和实时更新。此外，游客也可以用自媒体对民宿进行评价和转发，开展口碑营销，平乐民宿预订中"由他人推荐的"占到了 19.7%。

6.3.6　组织创新

1. 结构创新，增设立民宿旅游分会

民宿产品经营除了主人个体的努力外，要想做出特色、形成品牌、拥有较高的知名度，还需要区域民宿组织的凝聚、协调与创新。组织是将现有的人员、工作、资源条件和外部环境进行优化配置，发挥整体功效，"单打独斗"已经不可能成为区域整体发展的选择。为了更清楚地了解平乐古镇民宿的组织系统，笔者对民宿主人的相关社会关系、组织情况进行了调查（表6.10）。

---

① 中国互联网络信息中心. 第 36 次《中国互联网络发展状况统计报告》[EB/OL] http://www. cnnic. cn/gywm/xwzx/rdxw/2015/201507/t20150723_52626. htm，2015-07-23.

表 6.10　民宿主人社会关系调查情况(单位:%)

民宿主人社会关系问项	民宿主人社会关系类型					
	亲戚	邻居	朋友	村干部	旅游企业	旅游协会
您创办民宿是受谁的影响?	43.8	8.9	24.6	7.6	3.4	11.7
您的民宿经营中遇到困难会向谁请教?	54.2	6.3	27.5	4.7	2.2	5.1
您经常和谁进行民宿经营的经验交流?	48.5	7.6	26.3	5.4	4.9	7.3
如果民宿遇到资金困难,您会找谁借钱?	65	4.2	28.1	2.7	0	0
如果您家客满,您会向客人推荐谁家?	55.4	11.5	23.8	9.3	0	0

　　不难看出,在民宿主人的社会关系中,亲戚占据了大部分份额,其是影响开办、问题探讨、经验交流、经济资助等重要事项的主要承担者,其余依次是朋友、邻居、村干部、旅游协会、旅游企业。构建起民宿主人社会关系网络的主要基础还是以农耕文明为主构成的血缘交际圈的熟人网络,以个体私人力量为主。而在当今社会,个体私人关系很难成为能持久、稳定、整体推动民宿发展的系统力量,本应以契约关系构建的集体组织旅游协会来进行民宿问题的协调、引导、解疑,还远远没有发挥作用。而平乐现有的旅游协会是旅游行业协会,管理旅行社、酒店、民宿、餐厅、旅游产品生产商与经营商等多种旅游业态,在民宿的规范管理、个性化管理、可持续管理作用有限。所以,平乐古镇民宿的协会组织还属于混杂起步阶段,对民宿并没有设置专门机构来管辖。而在旅游行业协会现有的管辖业态中,有旅行社、酒店、民宿、餐厅、茶楼、酒水吧等共计 238 家,民宿 199 家,占总量的 83.6%,民宿已经在数量上处于领先地位,覆盖面最广;而在古镇景区管委会的执法大队中的游客投诉记录中,2014 年 7 月、8 月、9 月有关民宿的投诉比例分别为:51.3%、54.2%、39.7%,加之其规范化与个性化发展任务业也越来越重要,设立专门的民宿旅游管理组织是当务之急,所以,可在现有的旅游行业协会之下设置民宿旅游分会。

　　民宿旅游分会的性质:本会是以平乐古镇景区范围内的民宿组成的专门旅

游协会。属于非营利性的社会组织，具有独立的社团法人资格。业务范围是开展行业培训、技术咨询和信息服务，组织行业评比、国内外合作交流与考察、旅游产品推荐，举办旅游会展招商，创办协会刊物，承担政府部门委托的有关事项。

2. 民宿旅游分会功能创新

现有的平乐旅游行业协会对民宿的主要管理就是评定等级，评定的参考依据是四川省地方标准《农家乐（乡村酒店）旅游服务质量等级划分与评定》（DB51/T 976—2009），根据标准的条件评定民宿的 5 档星级。除了评定外，民宿分会的功能还应该有以下的五项深入和拓展。

第一，咨询服务：民宿开办手续、资料与程序；宣传、贯彻国家及地方关于旅游行业的法律、法规、方针以及政策；制订民宿行规、行约，建立行业自律机制，维护行业整体利益。

第二，问题研讨：开展民宿旅游市场调研和预测，协助业务主管部门规范民宿市场行为，搞好质量规范管理工作，加强旅游服务质量的信息收集，分析评价和国内外民宿旅游市场信息工作；参与制订平乐古镇民宿旅游行业技术标准以及行业质量规范和服务标准及成果推广和先进经验评估等活动；承担法律、法规授权或政府委托的其他职能。

第三，协调沟通：加强区域合作，组织会员单位互相学习，促进各会员之间的联系与合作；组织会员单位开展对外交流和合作，加强与民宿旅游行业内外的联系合作；协调解决民宿行业自我管理中的问题；开展民宿行业检查和评比工作。协调会员与会员，会员与行业内非会员，会员与其他行业经营者、消费者及社会组织的有关经营活动的关系。

第四，整合宣传：以整体平乐民宿的形象和资源向国内外宣传、介绍、推荐平乐古镇旅游资源、民宿旅游产品；举办会展招商以及推广等活动；编辑出版民宿分会刊物、资料，开展有利于民宿行业发展的其他活动。

第五，技能培训：组织民宿旅游行业培训、技术培训、服务技能培训，提升民宿旅游服务技能与素质。可以借助"智库"，与高校、专业培训机构合作，搭建为民宿可持续发展的技能支持平台。

6.4　平乐民宿旅游产品创新保障系统

表 6.11　民宿主人对民宿开发模式意向

问项	类型	频数/次	百分比/%
民宿主人对民宿开发模式意向	村民自己开发	47	77.0
	政府＋村民	7	11.5
	政府＋企业＋村民	2	3.3
	企业＋村民	1	1.6
	政府＋企业＋协会＋村民	3	5.0
	企业＋协会＋村民	1	1.6
	总计	61	100.0

从表 6.11 可以看出，民宿的开发模式主要是村民自己开发，占全部开发模式的 77.0%，其次是政府＋村民，占 11.5%，其他模式都占很小部分的比例。

表 6.12　民宿主人认同的理想开发模式

问项	类型	频数/次	百分比/%
民宿主人认同的理想开发模式	村民自己开发	11	18.0
	政府＋村民	12	19.7
	政府＋企业＋村民	11	18.0
	企业＋村民	2	3.3
	政府＋企业＋协会＋村民	13	21.2
	政府＋协会＋村民	9	14.8
	企业＋协会＋村民	3	5.0
	总计	61	100.0

从表 6.12 可以看出，民宿主人认为最理想的开发模式主要是政府＋企业＋协会＋村民，占 21.2%。在七类开发模式中与政府相关的就有五类，并且民宿主人认同比例都大于 14%。可见村民对政府的依赖是很大的，从内心还是希望政府在开发模式上能参与进来。

平乐民宿旅游产品创新体系要想得到落实和跟进，还需要实施以政府为牵头的保障系统，分别从人、财、物的要素出发，实现彼此的最优配置，所以保障系统分别由可持续发展规划、设立民宿标准、信息化管理平台打造、人员队伍建设、加强金融政策支持、加快古镇基础设施建设六大部分组成，其内在关系和功能如图 6.32 所示。

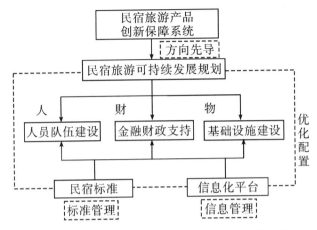

图 6.32　民宿旅游产品创新保障系统内部关系图

6.4.1　建立民宿旅游可持续发展规划

1. 文化塑造，特色发展

同质化的旅游产品、雷同化的旅游节庆、单一化的旅游形象……这些都是国内目前的古镇旅游开发中最突出的问题，平乐民宿旅游要想能够在古镇旅游中塑造特色、脱颖而出，需要以地方文化特色为"魂"，建构"休闲""淡泊""宁静"的平乐形象，塑造中国西部传统民俗节庆的特色化发展之路，才能真正锻造出自身独有品牌和形象，奠定民宿旅游可持续发展之"根"。

2. 绿色节能，低碳发展

民宿作为以住宿功能为主的旅游业态，在当今生态环境日益脆弱化的今天，其绿色节能、低碳发展已成为主流趋势。在民宿的建筑材料、盥洗用品等方面需要贯彻节能发展的理念、意识、方法和技术，这不仅规划了民宿的长远发展，同时更为乡村生态环境的可更新、可持续做出了积极努力，让乡村发展的"既要金山银山，更要绿水青山"成为现实，绿色节能、低碳发展成为民宿旅游的可持续发展之"技"。

3. 有序开发，协调发展

由于民宿主人的经验、实力各不相同，其民宿发展程度也不一样，因此，根据民宿不同的发展阶段，可以实施有序开发、协调发展的战略。先开发一批硬件条件比较成熟、知名度较高的，将其打造成古镇民宿品牌；后开发硬件条件较为薄弱，没有知名度的，通过政府的帮扶和先发展的民宿引领，共同来将古镇民宿整体提升。"一花独放不是春，万紫千红春满园"，分类对待，有序开发、协调发展贯通可持续发展之"脉"。

4. 业态互补，和谐发展

在整个平乐古镇景区，并非所有的居民都有民宿资源；围绕民宿旅游产品，还需要很多辅助产品来配套，诸如餐饮、生活用品、旅游纪念品、水吧、酒吧等。因此对于古镇居民各自拥有的资源：经验、物品、地理位置、资金实力、人脉关系等差异，实施互补式差异发展，充分发挥民宿旅游产品的辐射带动功效，让拥有不同资源的古镇居民都可共同发展、和谐发展、拓宽可持续发展之"面"。

6.4.2　设立民宿标准，健全专业制度

1. 设立民宿专有评定标准

民宿最核心的一个功能产品就是住宿，而现在平乐民宿的住宿设施各自相差甚远，良莠不齐。在第 2 章的住宿设施类型、规模大小分析中可知，民宿大部分都是二人间（即标间），面积多为 $15m^2$ 左右，房间都配有床、淋浴、便池、电视、柜子、椅子、WIFI。基本的功能设施齐备，但是设施型号、材质、质量、使用顺畅与否，却存在较大的差异，直接反映在游客投诉的民宿旅游产品硬件质量上（表 6.13）。

表 6.13　民宿旅游产品硬件质量问题

项目	问题描述	资料来源
房间大小	房间小，家庭式，没有环境，勉强可以睡觉	QNE——PL——46
房间布局	房间旧了点，两间房中有一间没有窗户，特别闷	QNE——PL——128
房间材质	阁楼晃动，隔音效果差，特别是临街	XC——PL——39

续表

项目	问题描述	资料来源
基础设施(床、卫生间、电视、网络、生活用品等)	床太硬,翻个身子床都在响。 卫生间马桶小,老年人不方便,洗浴容易滑到,热水器声音响,洗澡的水忽冷忽热,洗浴喷头坏,厕所水不大,地漏漏水很慢。 无法看电视。电视节目少。 没有电吹风洗完头半天都不了。 灭蚊器没用,有蚊子。 无线网信号不好。 没有一次性拖鞋	QNE——PL——241 QNE——PL——473 XC——PL——96 XC——PL——132 XC——PL——316

这种差异是由民宿主人个体的认知和实力差异造成的,因此特别需要对民宿用通用的标准来规范由民宿主人个体差异导致的游客体验质量问题。

平乐古镇现有的民宿是参照四川省《农家乐/乡村酒店旅游服务质量等级划分与评定》(DB51/T976—2009)来评价,具体指标如表 6.14。

表 6.14 四川省《农家乐/乡村酒店旅游服务质量等级划分与评定》解读

项目	《农家乐/乡村酒店旅游服务质量等级划分与评定》(DB51/T976—2009)
定义	本标准规范内的乡村酒店是指利用地处乡村,以住宿、餐饮服务为主,与乡村风情、民俗文化和自然环境融为一体,并能体验乡村生活的经营实体
基本条件	相关有效证件、服务设施、安全环保、食品卫生、服务规范
评价指标	1. 经营场地:生态环境、建筑结构、建筑接待面积、交通及停车 2. 接待设施:厨房、餐厅、厕所、客房、会议、娱乐、综合服务 3. 服务质量要求
类型	一星、二星、三星、四星、五星

评定标准经营场地中的接待建筑面积一星至五星分别是不少于 $100\ m^2$、$200\ m^2$、$600\ m^2$、$1200\ m^2$、$2000\ m^2$;接待设施中的餐厅使用面积不少于和同时容纳就餐人数一星至五星分别是 $30\ m^2$、20 人,$50\ m^2$、30 人,$100\ m^2$、60 人,$200\ m^2$、100 人,$300\ m^2$、150 人。而实际的古镇民宿中 60% 的接待建筑面积都在 $200m^2$ 以下,80% 是没有餐厅设施的。民宿和乡村酒店虽然都是以提供住宿为主的旅游设施,但是乡村酒店与民宿有较大的差异,乡村酒店的标准并不适合民宿。因此特别需要对民宿有一专门的具体的通用标准,其作用有二。作用一:以标准化促进民宿设施的规范。保障民宿硬件规格、设施齐备、

使用顺畅。作用二：分类指导，有序发展。设置不同等级民宿，差异化、有序化分类发展，还可利用各民宿现有条件、位置、房间大小、数量等，推崇主题院落，鼓励民宿形象差异化、个性化，避免同质竞争，还可满足不同游客偏好。

2. 平乐古镇民宿标准制定原则

除了基本的法律、安全、卫生等原则外，结合实际，平乐古镇的民宿标准还应注意以下原则。

（1）符合古镇民宿实际。标准的制定是为了更好地规范、服务于现有民宿，因此一定要从现有的实际出发，才能够真正有所帮助。首先民宿与客栈、乡村酒店的区别就是主人也居住在民宿中，房屋产权为民宿主人所有，民宿的开发也是为了让村民能更直接地创造旅游收入，所以在民宿的定义中可以加入"主人自有房屋，并且主人也生活在民宿中。"其次古镇单体民宿的客房体量小、数量少，并不需要对客房数量的多少进行硬性规定，对比浙江省德清县的《乡村民宿服务质量等级划分与评定》①也是如此。

（2）地方文化特色体现。在民宿的房屋建筑、装修风格、餐饮提供等评定中应结合平乐古镇的地方特有文化，如前文提及的"秦汉文化""川西水乡""茶文化""竹文化""纸文化""酒文化""铁文化""节庆文化"等。

（3）呈现家的氛围，人情味服务。民宿不是以一切包办完善为服务的最高境界，反而是要为游客提供不同程度的 DIY 为服务特色，如全包、半包的相关服务。另外，在时间支配、起居方式等方面，游客可以自定，再知会民宿，民宿予以配合，提供人情味服务。

（4）主客互动，深化体验。主客互动与交流是帮助游客进行乡村生活体验的重要途径。因此民宿主人可通过与游客聊天、咨询、技艺展示、邀约参与、个人故事等渠道进行乡村生活的多角度体验。

（5）倡导游客低碳行为民宿的绿色化、低碳化的环保建设和运营势在必行，因此鼓励游客的低碳化环保行为也应纳入到民宿标准中。如鼓励游客自带毛巾、牙刷、拖鞋等。

（6）创建激励式等级。如果照搬酒店的一、二、三、四、五星级的等级划分标准，粘连性对比，在五星的体系中一、二星级容易给人留下"差""不合格"的印象，不利于激励。可选用"优品民宿""精品民宿"这种既可以区分等级，又可以带有激励作用的等级差异表述。对多是村民为主的民宿主人采取以激励导向为主的区分政策。

_____

① 浙江省德清县发布了中国首部县级乡村民宿地方标准规范。

民宿行业标准的发布，不仅有利于规范引导民宿科学化发展、品质化经营，而且对于推广现有乡村民宿发展经验、促进农村产业结构调整、乡村环境优化和村民普遍增收都具有重要意义。此外，在民宿的管理制度体系中，除了标准化制度外，还可以开展多种"争优活动"，起到持续激励的作用。图 6.33 所示标识图也对民宿发展起到积极作用。

图 6.33　台湾地区民宿、好客民宿标识图

6.4.3　开创信息化管理平台，动态监督

1. 民宿主人的房间信息化管理

用相关民宿管理软件进行销售、查询、统计操作，需要具备以下内容（表 6.15）。

表 6.15　民宿客房管理软件内容

序号	项目	具体内容
1	房态	房间基本信息及实时住宿状态
		预订或入住客人的登记资料、房费及客源信息
		相应房间所有已接受的预订及收款记录
		指定日期范围客房状态浏览
2	房务	物品寄存与取回
		房间叫醒服务
		日常维护保障记录
		运营费用支出记录
3	统计	客房预订及入住资料查询
		收入支出日清单及流水帐
		入住统计分析图表（按年月、客源、房型等）
		所有报表均可导出到 Excel 表作进一步加工处理

除了上述内容外，信息化软件还可以对预订到达、退房时间、叫醒时间等

进行备忘便笺式提醒，自动计算已住房间应付房费（逾时可加收半日费），同客源平台网站直接快捷链接简化操作。

2. 政府的民宿信息化管理

对民宿直接管辖的政府部门就是平乐古镇景区管理委员会（简称管委会），管委会对民宿的信息化管理思路是整体构架、基层上报、动态掌握。整体构架就是设计信息化管理组织、制度、流程、表格、平台等，负责宣传、销售、评价；基层上报就是以每一个街道社区为单位进行所有民宿的运营信息采集；动态掌握就是实施月报制度，跟踪变化。

图 6.34　台湾地区旅宿网住宿产品分类图

台湾的民宿信息化管理比较规范，为了满足游客的专项查询、预定需求，台湾地区旅游部门开设了台湾旅宿网（图 6.34），将所有住宿的类型、具体情况进行公布。管委会也可以开设一个平乐古镇所有住宿类型信息的网页端口，提供公告讯息、名录查询、联系方法、统计资料、相关协会、相关法规的具体信息或链接。

表 6.16　管委会对民宿信息化管理报表汇总

序号	报表名	报表内容
1	民宿资料信息采集表	类别、街道、定价、房间总数、房型、接待语言、标章、宴会、会议、无障碍设施
2	民宿家数、房间数、经营人数统计表	家数、房间数、经营人数
3	民宿各街道运营报表	填报率、街道、总出租客房数、客房住用数、客房住用率、住宿人数、平均房价、客房收入、餐饮收入、其他收入、收入合计、装修及设备支出、经营人数

续表

序号	报表名	报表内容
4	民宿住客类别、国籍人数及员工人数统计表	住客类别(自助、团体)、住宿人数合计、住客省别或国籍(四川省、中国、港澳台、日本、韩国、新加坡、马来西亚、其他亚洲地区、北美、欧洲、澳洲、其他地区)、经营人数(客房、餐饮、其他、合计)
5	各街道每月民宿家数异动比较表	合法民宿、非合法民宿、增减情形
6	管委会督导各街道执行民宿查报取缔绩效统计分析	合法民宿、非合法民宿、增减情形

通过各报表(表6.16)的形式进行信息采集和监督,与各民宿使用的信息化软件相协调就可以整体、实时了解民宿的信息采集、销售数量、游客来源与评价等运营情况。还可以采用月报的形式及时辨别淡旺季、客源类别、游客偏好、各街道执行力等情况。

在信息采集对象中,对于部分还没有达标的民宿但主人又有积极意愿的,也可以纳入采集系统对其实施帮扶与监督的管理政策。可效仿台湾,将其与达标民宿区分开,分为"合法民宿"与"非合法民宿",并采取月报的形式,对其实施实时监督,还可将"非合法民宿"向"合法民宿"的转换率作为对各街道执行力的考核指标。"非合法民宿"不是违法,而是还没有达到管理标准,正在向合法标准努力的民宿,这样的定位避免了未达标民宿的自暴自弃与违法运营,净化了民宿市场。

表 6.17　台湾地区旅游部门督导各县市政府执行民宿查报取缔绩效统计分析——合法民宿

列印日期:2016/01/30

合法民宿检查次数比较表	项目\县市别	新北市	台北市	桃园市	台中市	台南市	高雄市	宜兰县	新竹县	苗栗县	彰化县	南投县	云林县	嘉义县	屏东县	台东县	花莲县	澎湖县	基隆市	新竹市	嘉义市	金门县	连江县	合计
	2015/12 合法	9	0	0	0	6	5	0	2	7	13	3	4	5	5	2	23	37	1	0	0	0	0	123
	2015/11 合法	19	0	0	0	0	0	0	0	6	14	5	5	16	2	0	17	0	0	0	0	0	0	93
	增减情形	−10	0	0	0	−3	5	0	2	7	−1	−1	1	−1	1	0	23	20	1	0	0	0	0	30

从表 6.17 得知 2015 年 12 月合法民宿检查家次数较 2015 年 11 月增加 30 家次。

表 6.18 台湾地区旅游部门督导各县市政府执行民宿查报取缔绩效统计分析——非法民宿

非法民宿检查次数比较表	项目\县市别	新北市	台北市	桃园市	台中市	台南市	高雄市	宜关县	新竹县	苗粟县	彭化县	南投县	云林县	嘉义县	屏东县	台东县	花莲县	澎湖县	基隆市	新竹市	嘉义市	金门县	连江县	合计
	2015/12　非法	3	0	2	0	0	1	0	0	1	4	3	0	4	0	0	0	0	0	0	0	0	2	20
	2015/11　非法	2	0	1	0	1	0	0	8	0	0	0	0	8	1	1	1	1	0	0	0	0	0	24
	增减情形	1	0	1	0	−1	1	0	−8	1	4	3	0	−4	−1	−1	−1	−1	0	0	0	0	2	−4

从表 6.18 得知 2015 年 12 月非法民宿检查家次数较 2015 年 11 月减少 4 家次。

表 6.19　台湾地区各县市民宿家数异动比较——合法民宿

列印日期：2016/01/30

合法民宿家数比较表	项目\县市别	新北市	台北市	桃园市	台中市	台南市	高雄市	宜关县	新竹县	苗粟县	彭化县	南投县	云林县	嘉义县	屏东县	台东县	花莲县	澎湖县	基隆市	新竹市	嘉义市	金门县	连江县	合计
	2015/12　合法	206	0	26	76	81	59	1162	62	234	27	545	64	126	404	887	1457	397	1	0	0	169	93	6076
	2015/11　合法	202	0	26	76	80	60	1146	62	233	26	539	62	126	388	887	1439	392	1	0	0	168	88	6001
	合法新设	4	0	0	0		16	0	1	1	6			5	0	0		0				1		76
	合法歇业	0	0	0	0		1	0			0							0				02		1
	增减情形	4	0	0	0	1	−1	16	0	1	1	6	2	0	16	0	18	5	0	0	0	1	5	75

从表 6.19 得知 2015 年 12 月合法民宿总家数较 2015 年 11 月增加 75 家。

表6.20　台湾地区各县市民宿家数异动比较——非法民宿

列印日期：2016/01/30

非法民宿家数比较表	项目\县市别	新北市	台北市	桃园市	台中市	台南市	高雄市	宜兰县	新竹县	苗栗县	彭化县	南投县	云林县	嘉义县	屏东县	台东县	花莲县	澎湖县	基隆市	新竹市	嘉义市	金门县	连江县	合计
	2015/12 非法	36	0	24	9	1	2	43	14	2	5	94	8	41	82	23	12	32	0	0	0	0	4	432
	2015/11 非法	36	0	24	9	1	2	44	14	2	5	91	8	41	84	23	12	34	0	0	0	0	5	434
	合法新设	0	0	2	0	0	0	0	0	0	0	3	0	0	0	0	0	0	0	0	0	0	0	6
	合法歇业	2	0	0	0	0	0	1	0	0	0	0	0	0	1	0	0	2	0	0	0	0	1	7
	增减情形	−2	0	2	0	0	0	−1	0	0	0	3	0	0	−1	0	0	−1	0	0	−2	0	5	75

　　［资料来源：http：//taiwanstay．net．tw/Report/ReportView？nid＝homeReport＿statistics
&sno＝3&y＝2015&m＝12］

　　从表6.20得知2015年12月非法民宿总家数较2015年11月减少75家。

6.4.4　加强人员队伍建设

表6.21　民宿主人服务问题

序号	类型	问题描述	资料来源
1	行业知识	游客：行李放下后，去附近转，桥旁边有家酒店，看着有落地窗还能望见桥，就去问问价钱，才150元。果断退掉这家的130元。没想到要收我们的服务费30元。我也不知道服务哪了，行李也不是你提的，你也没带到什么，还有脸收30元	QNE——PL——74
2	礼仪技能	游客：一开始没热水还要打给客服，客服没等人说完就挂电话。 游客：还没有退房，就有人进来了	QNE——PL——295 XC——PL——137
3	沟通技能	游客：打麻将的太吵了，老板也不管一下 主人：电吹风都有的，只是没有放在房间，一楼大厅书柜里有很多，可以提供客人使用。很抱歉，没有跟您说	XC——PL——29
4	信息技能	主人：但是你说节假日还要加价80元的事情，今后我一定注意，因为我不懂电脑，网上价格平时就没有请人改	XC——PL——266

序号	类型	问题描述	资料来源
5	诚信	游客：太不诚信了，网上订好的价，老板居然要求加价，订了7间房，老板听到是网上的价格，改口说没有那么多房间了，你这种欺诈的行为我是绝对不会再来你家的。我付的是118元团购价，而且事先也和商家预定好了。但是到店却要交押金。结果第二天退房，却说节假日要补100元，不肯退押金	QNE——PL——329

从表6.21可见，对于民宿主人在日常的接待和管理中还存在很多需要改进和提升的环节，民宿主人人才队伍的建设和培训对于提升游客满意度和行为意向至关重要，其基本路径是分层次、多渠道提升。分层次是指根据民宿主人的能力、认知、岗位差异实施差异化提升；多渠道提升就是多种方式的提升，详见表6.22。

表 6.22　民宿主人人才队伍建设与培训内容

类型	项目	具体内容
管理型民宿主人	战略	市场环境、民宿定位、旅游联盟
	知识	酒店管理、旅游信息化、客源地风俗、游客档案
	技能	与游客、服务人员、相关合作单位的沟通、协调、信息化技能
服务型民宿主人	礼仪	仪容、仪表
	知识	酒店服务、客源地风俗
	技能	与客沟通、软件操作
多渠道	讲授	请高校或行业专家、民宿带头人就相关知识或技能进行传统的面授培训
	实地参观	选择民宿发达、规范地区进行现场交流
	对口交流	可与民宿发达地区搭建对口交流与帮扶的平台
	人才评比	鼓励民宿主人参与各类型的人才计划，提升自我素养

在知识和技能的培训上，需要强化专业性和细节性。如在处理游客投诉时要做到：耐心倾听、表示同情并移情、真诚致歉、提出公平化解决方案、获得认同立即处理、跟进实施、反馈回复，其中需要注意的细节有给投诉者VIP感受、认同你的感受、情绪和问题、外形与技巧、忌语、心态专心致志。

6.4.5　金融支持

民宿主人认为自家需要解决的问题位居第二的是资金投入改善民宿硬件，

占 29.5%，对房屋的构架、墙面、设施、装修与装饰等，都需要资金投入来翻新、维修或更换。除了传统的寻找亲戚、朋友借钱外，如果政府能牵头与金融机构一起制定出一整套对民宿的金融支持政策将会惠及更多的民宿主人。

1. 直接的财政投入

管委会应制定详细的民宿旅游发展规划，根据预定规划，对那些发展前景较好的民宿直接予以财政扶持，或是建立民宿旅游的专项建设基金，对于参与了管委会推荐的或制定的各类相关比赛、评选等，直接予以财政现金奖励。

2. 创新方式解决抵押担保问题

一是尝试与民宿协会等行业协会或其他自律组织合作，探索运用联保、担保基金和风险保证金等方式，用以支持入会的民宿共同体成员的金融需求。二是扩大有效担保品范围。根据乡村旅游资源特色，尝试发展林权、水域使用权等抵押。三是建立对民宿主人的信用评估等级，拓展社会资金的投入。

3. 分类减免税

台湾地区的民宿税收政策是：五间客房以下，不用缴纳营业税，三个月有一定的基本税，金额不高；五间以上客房的民宿，需要缴纳一般营业税，开具发票，交到各地的税务部门。参考台湾，平乐古镇可以制定的减免税政策为对于民宿开办时间不足一年的，或者民宿总房间数在三间以下的可以实施减免税政策，采取时间差异和房数差异来分类征收。

6.4.6　加快平乐古镇基础设施建设

表 6.23　政府在民宿管理工作中需要改进的地方

问项	类型	频数/次	百分比/%
政府在民宿管理工作中需要改进的地方	基础设施建设	48	76.2
	游客招徕	29	46.0
	邻里关系协调	2	3.2
	企业关系协调	5	7.9
	服务技能、创业培训	11	17.5
	环境治理	22	34.9
	生活价格控制	6	9.5
	税费减免	4	6.3
	低息无息贷款	3	4.8
	说明：可多选		

从表 6.23 可以看出，民宿主人反映政府在民宿管理工作中需要改进的地

方主要是基础设施建设，占 76.2%。而在对民宿主人、游客的调查中，也反映出对诸多基础设施不便而影响到体验质量。

表 6.24　平乐古镇基础设施问题

序号	项目	内容
1	厕所	游客：卫生间找不到，恼火 游客：那个厕所真的太脏了，踩都踩不下去 游客：排好久的队哦，脚都站麻了 商户：洗手间 1 元一次，我这是私人的，要出水费
2	标识	游客：卫生间知道的就能找到，不知道的就找不到 游客：路牌上都没有标距离，我们就一直往前走，结果就走过了
3	垃圾桶	游客：根本看不到几个垃圾桶，只有扔在地上 游客：附近的几个垃圾桶都全部装满了，都堆到外面了
4	布草店	主人：古镇只有一个布草店，那天坏了，只有跑到邛崃去洗
5	停车场	游客：真叫一个黑。停在农户院里，讲好的 20 元，结果出来就收 30 元 游客：人一多古镇停车场就不够，在农家院都停不进去，只有停路边，要都要不好
6	给水	主人：水小，是因为古镇整体停水，我们用的自己的备用水，这个我们一到晚上就会通知，其实你可以去其他客栈看看，古镇停水的情况是不是依然有热水。去感受下连冷水都没有的情况又是怎样的 游客：最关键她家打井自建水塔，解决了古镇常断水的问题

对于表 6.24 所述的基础设施问题，可以采取以下方式解决：

厕所问题：一是设专人管理公厕，加强管理人员培训。二是保持景区公厕内备有充足的耗材。三是定期检查和维修公厕内配件设施，保证其正常使用；保持排水、排污管道无堵塞；定时做好公厕外部和内部清洁。四是增加公厕标识标牌，完善景区导视系统，在停车场、游客中心、景区主要街道等明显位置设置。五是新建公厕，主要设在游客集中区域，科学合理地布局；并对停车场、游客中心等游客聚集较多区域的厕所进行提升。六是落实商家"私厕公用"，要求"免费入厕"标识牌安放在明显位置，加强执法。

标识问题：一是建立完整的古镇景古镇区标识体系。景区总平面图：景区全景地图、导游图、景区文字介绍、游客须知、景点相关信息、服务管理部门电话；景物景点介绍牌：相关来历、典故轶闻等；道路导向指示牌：道路标志、公路指示、停车场指示等；警示关怀牌：提示游客注意安全和保护环境等一些温馨提示、警戒、警示牌；服务设施标识：售票处、出入口、游客中心、医疗点、购物中心、厕所、游览车上下等一些公共厕所的提示标识牌。二是对于景区各种引导标识采取规范的标准化管理，按照《旅游区(点)质量等级的划分与评定》(GB/T17775—2003)和《中华人民共和国国家标准标志用公共信息图形符号》(GB/T10001.1—2000&GB/T10001.2—2002)重新设定，注意标识牌的尺寸大小、文字种类、信息类型等。三是增设信息化设备，如语音导览等。

垃圾桶问题：一是根据调研合理增设垃圾桶数量；二是旺季时增加环卫工人数量，垃圾实施分类：可回收和不可回收，垃圾桶外形符合平乐建筑风貌格局。

布草店问题：可以引导有意愿从事布草点的村民自愿开店，或是洽谈相关企业入驻经营。

停车场问题：一是增设停车场地，提高供给面积；二是在停车场到古镇景区等开通接驳巴士；三是对于村民私家院落临时征用的实施规范化管理：划定停车位数，统一费用、票据、出租标识等。

给水问题：拨款专项资金升级自来水公司设备；旺季时景区优先调度制；遇断水情况，提前通知民宿做好储水；同时开展消防送水配水制。

尾声

新型城镇化的核心是"人的城镇化"，《国家新型城镇化规划（2014—2020)》中规定的发展新型城镇化的原则有：以人为本、公平共享；四化同步、统筹城乡；优化布局、集约高效；生态文明、绿色低碳；文化传承、彰显特色；市场主导、政府引导；统筹规划、因地制宜等。古镇民宿以就地转移农业人口，配套基础设施与公共服务；产城互动，以城带乡；现有建筑就地利用；循环节能；乡愁记忆、民俗体验、文化辐射等践行新型城镇化的发展原则，所以古镇民宿旅游产品是新型城镇化进程中以旅游作为特色产业推动的新业态，也是国家建设全面小康阶段的精准扶贫中的旅游助推力。它具有的就业当地化、成员年轻化、收入直接化、体验本土化、交流深入化等特点既不同于一般的客栈，也与酒店产品有所差异。

虽然古镇民宿旅游产品尚处于起步阶段，但面对游客日益增长的个性化需求，民宿旅游产品却拥有广阔的市场空间。如何多渠道宣传、开发多种产品体系、提高服务质量、促进主客文化交往等是当今民宿旅游产品改进的当务之急。因此研究游客满意度和行为意向对古镇民宿旅游产品创新的要素、路径、保障系统等具有较强的现实意义。

本书以城镇化建设"全国重点镇、民宿密度高、知名度高"三者合一的平乐镇为例，以游客满意度、行为意向、创新理论为基础理论。主要研究目的有三：一是游客满意度与行为意向之间的关系，二是游客满意度内部各指标的互动关系，三是游客人口学特征和个人旅游偏好对游客满意度和行为意向的关系。采用文献法、实地调查法、网络田野法进行国内外文献梳理和一手资料的收集。其中通过文献梳理制成了针对游客的满意度和行为意向的量表问卷和假设。在平乐古镇开展问卷实地调查，主要包括游客人口学特征、个人旅游偏好、区位环境满意度、文化交往满意度、硬件设施满意度、软件服务满意度、价格满意度、游后行为意向。还辅以收集"去哪儿"和"携程"网上针对平乐民宿的游客评价，更广泛收集游客意见。同时对民宿主人进行访谈，收集主人在经营管理过程中的现实问题和真实想法，系统了解民宿中"主客"双方的诉求，从而制定出有效的民宿旅游产品创新策略和保障系统。

本书采用 SPSS 和 PLS 软件对问卷进行了信度分析和假设结果检验。由于问卷中既有形成式变量又有反映式变量，所以分别采用了 AVE 值、T 值的信度检验、R^2 的拟合系数检验、bootstrap、pearson 的显著性系数检验，对人口学变量和旅游偏好进行 T 检验和单因素方差分析。研究结论如下：一是游客满意度中的硬件设施、软件服务、价格、文化交往满意度都对行为意向有正相关影响，因此要从硬件设施、软件服务、价格和文化交往这四方面来进行民宿旅游产品的提升。二是满意度体系内部也有相互影响，影响路径为：区位环境文化交往硬件设施软件服务、价格。三是游客人口学特征中的年龄、职业对满意度有显著影响，游客旅游偏好的选择首要条件、停留时间、出游方式、出游消费对满意度或行为意向有显著影响，因此在民宿旅游产品创新时需要注意到游客差异，提供多种产品供选择。而在体验经济时代，游客人口学特征和旅游偏好的相关性，可以让差异性产品更有细节和市场针对性。

根据熊彼特创新理论，提出的民宿旅游产品创新体系：产品创新、组织创新、技术创新、供应链创新、市场创新。产品创新策略有：文化特色融入地方纪念品；举办地方民俗节庆；设置住宿设施、装修风格、娱乐差异化产品，从而建立满足游客个性化的产品体系；强化主客文化交往，体现人情味。技术创新策略有：利用视频和二维码技术进行传统技艺可视化展示与互动；绿色化技术实施环保可持续发展。市场创新策略有：稳固近程，开发中远程游客市场；开辟避暑、老年旅居市场；开展科教传统工艺游学生市场。供应链创新策略有：实施区域联动形成区域旅游新组合；旅游体验一卡化，创新旅游联盟；引入电商、自媒体宣传与营销。组织创新策略：结构创新，增设民宿旅游分会，并强化其职能。

为了推进民宿旅游产品创新体系的落实，本书还提出民宿旅游产品创新保障系统。规划引领；标准规范；实施信息化管理平台，动态监督；加强人员队伍建设；积极引导金融支持；加快基础设施建设。

本书创新之处有二：一是视角创新。首先，游客满意度和行为意向在民宿旅游产品上的应用。现有民宿研究多是针对民宿的局部如客房、餐饮等作分析，且多为定性研究，本书从游客满意度和行为意向的视角从整体上对民宿进行系统的定量分析。其次，结合游客的人口学特征和个人旅游偏好，关联分析了面对民宿旅游产品的游客个性化差异选择类型。再次，加入"文化交往"视角。与台湾地区对比，现有的游客在判断民宿旅游产品的主要指标仍然是硬件条件。其实民宿区别于客栈与酒店最核心的竞争力就是由主客互动而散发出的"人情味"，着力点是在"民"上，也即"人"，而文化交往就是实现"人情味"的途径与指标。通过本书调查发现，虽然文化交往满意度在行为意向上的影响还比较小，但是已经占了一定的比例，并且在满意度体系内部相互影响中，文化交往满意度还会对硬件设施、软件服务满意度有帮助。二是资料创新。除了实地问卷调查和访谈外，还参考网络的在线评价，多种渠道收集更丰富、更全面的信息。

由于时间和笔者水平有限，不足之处在于没有研讨游客满意度作为中介效应和游客行为意向的关系，而这也将作为后续研究继续深化。

致 谢

攻读博士后，是一个既艰难又温暖的岁月，从定性到定量研究方法的转变，是谓之艰难；一路有人陪伴，给以鼓励、支持和鞭策是谓之温暖，艰难之路幸有温暖陪伴在左右。

师之温暖。感谢导师揭筱纹教授与贺继明教授。揭教授严谨的治学态度、真诚的为人之道让我印象深刻。特别是让我看到女性在家庭与事业中如何取得平衡的智慧与能力，是我的理想榜样。贺教授开阔的视野、豁达的风范，展现出学者的睿智与担当，让我受益良多。此外，还要特别感谢毛道维教授、贺昌政教授、杨永忠教授、杨仕清教授的提点与关照，让我收获颇丰。

友之温暖。感谢师兄李小平博士、赵长轶博士，热诚分享对于学术的研究心得，陈勇主任、曾兴元、陈洁、伍玲、邱露等细心关照学院的相关事务。感谢成都文旅集团人力资源部的黄剑鲲总经理，感谢平乐古镇的王颖主任、朱伦松会长的细心安排与资料提供。感谢成都信息工程大学的同学们：邓婷婷、蒋娜娜、张欣、梁艳、罗敏凤、赵秋慧，在实地调查中与我一起风雨同舟，发问卷、做访谈、整理资料，付出了辛勤的劳动。

家之温暖。感谢我的爸爸、妈妈给了我生命，让我来到这个美丽的世界，并一直支持我过自己喜欢的生活。感谢我的公公、婆婆，为我承担了繁重的家务让我专心做好自己的工作和学习。感谢我的女儿娇娇，既懂事、独立，又聪明、窝心，时常在我不开心的时候，以小幽默或小游戏让我开怀。家之温暖既甜蜜又深远的是我的先生赖斌教授，不仅是我生活中的伴侣，还是我工作中的良师益友。在我迷惘时，给我以信心和方向；在我生气时，包容我的坏脾气；并不断鼓励我在学术中进行理论与实践的结合；工作中尝试自己不曾想的领域；让我成为更好的自己。不知不觉携手走过十余载春秋冬夏，却仍觉得似乎昨日才相遇，谢谢人生路上有你一起陪我看流年风景，直至青丝变暮雪。

从人类学到管理学，从定性到定量，当走过崎岖之路，蓦然回首，一切辛苦皆已灌溉出今日之花。除此，所幸之处即是还有这一份份温暖萦绕在身边。

参考文献

蔡彩云，骆培聪，唐承财，等. 2011. 基于 IPA 法的民居类世界遗产地游客满意度评价——以福建永定土楼为例[J]. 资源科学，33（7）：1374－1381.

陈慧玲，吴英伟. 2009. 游客对民宿服务品质与游憩体验之关联性研究：以屏东雾台民宿为例[J]. 行销评论，2：299－328.

陈丽荣，苏勤. 2007. 我国游客满意度研究述评[J]. 资源开发与市场，3：266－268.

陈清渊. 2002. 从民宿管理办法看民宿经营的未来发展[J]. 农业经营管理会训，5（33）：21－23.

陈文化，江河海. 2001. 创新：一种新的社会经济发展观[J]. 科研管理，1：1－7.

陈昭郎，张东友. 2002. 台湾农村民宿之类型及其营销策略[J]. 农业经营管理会讯，33：16－20.

仇梦嫄，王芳，沙润，等. 2013. 游客对旅游景区声景观属性的感知和满意度研究——以南京夫子庙—秦淮风光带为例[J]. 旅游学刊，（1）：54－61.

董观志，杨凤影. 2005. 旅游景区游客满意度测评体系研究[J]. 旅游学刊，1：27－30.

樊欣，王衍用. 2006. 国外乡村旅舍开发与经营研究综述[J]. 旅游科学，20（3）：47－52.

范欧莉. 2011. 顾客感知视角下民宿评价模型构建[J]. 江苏商论，10：37－39.

范玉玲，林士彦，王培馨. 2012. 游客环境态度与环保旅馆质量要素之 Kano 二维品质模式关联研究[J]. 观光休闲学报，1：27－46.

50 分钟到平乐，邛名高速串起多个景区[N]. 华西都市报，2010－11－10 第 2 版.

冯颖. 2015. 旅游扶贫：让乡村花更艳景更美[N]. 四川日报，2015－07－16 第 13 版.

傅行衍，李宗儒，曾敏雅. 2010. 体验行销模式对民宿游客行为意图影响之研究——以南投县鹿谷乡小半天为例[J]. 服务业管理评论，8：125－149.

顾志豪. 1991. 台湾休闲农业发展中民宿建筑之配合规划研究[D]. 台北：台湾大学.

郭幸萍，吴纲立. 2013. 民宿业之服务属性对顾客行为意图的影响——以关系品质为中介变数[J]. 户外游憩研究，4：51－78.

何琼峰. 2014. 基于扎根理论的文化遗产景区游客满意度影响因素研究——以大众点评网北京 5A 景区的游客评论为例[J]. 旅游学刊，34（1）：168－173.

胡敏. 2007. 乡村民宿经营管理核心资源分析[J]. 旅游学刊. 22（9）：64－69.

黄君平，黄韶颜，詹玉瑛，等. 2011. 消费者对于绿色民宿知识之研究[J]. 乡村旅游研究，1：33－52.

姜惠娟. 1996. 休闲农业民宿旅客特性与需求之研究[D]. 台中：中兴大学.

蒋佳倩，李艳. 2014. 国内外旅游"民宿"研究综述[J]. 旅游研究. 4：16－22.

克里斯·瑞安（Chris Ryan）. 2012. 旅游科学研究方法——基于游客满意度的研究[M]. 李枚珍，王琳，译. 北京：旅游教育出版社.

李朝军，郑焱. 2014. 旅游节事创新维度结构及其对游客行为意向的影响[J]. 商业研究，8：162－170.

李江敏. 2011. 环城游憩体验价值与游客满意度及行为意向的关系研究[D]. 武汉：中国地质大学.

李亚珍. 2005. 我国民宿发展及其民宿管理办法之适切性[D]. 台中：静宜大学.

李智虎. 2003. 谈旅游景区游客服务满意度的提升[J]. 企业活力，4：39－41.

连漪，汪侠. 2004. 旅游地顾客满意度测评指标体系的研究及应用[J]. 旅游学刊，5：9－13.

梁家祜，郑锡钦，李谋监. 2009. 澎湖民宿游客投宿动机与满意度之研究[J]. 运动与游憩研究，4：117－136.

廖荣聪. 2003. 民宿旅客投宿体验之研究[D]. 台中：朝阳科技大学.

廖子萱. 2006. 台湾民宿业者对于发展环保民宿之态度、行为与意愿之研究[D]. 台北：中国文化大学.

林光旭，唐建兵. 2007. 贫困山村脱贫的一种选择：发掘乡村旅游——对邛崃市平乐镇花楸村乡村旅游的调查报告[J]. 成都大学学报（社科版），2：54－56.

林淑真. 2008. 民宿投宿动机、期望、旅游意向、满意度与忠诚度关系之研究——以古坑地区民宿为例[D]. 衡阳：南华大学.

林舜涓，蔡佳燕，邱丽文. 2007. 由住宿体验提高顾客之行为意向——以花莲民宿为例[J]. 观光旅游研究学刊，2：73－92.

林郁峰，林玥秀. 2009. 民宿部落格行销[J]. 管理实务与理论研究，3（3）：52－77.

林灼荣，黄章展，吴立伟，等. 2013. 绿色社会责任与营运效率：日月潭国家风景区民宿业之研究[J]. 观光休闲学报，1：55－78.

凌元辰，曹力，白京. 2009. 基于 PLS－SEM 模型的民航客户忠诚度研究[J]. 中国管理科学，2：140－145.

刘聪，陈乃哲. 2012. 穷则思变与富则思闲－大陆农家乐与台湾民宿之比较[J]. 乡村旅游研究，2：43－50.

刘德谦. 2002. 我国国内旅游的需求现状与前景[J]. 社会科学家，17（1）：11－22.

刘建哲，林碧钏. 2007. 台湾民宿发展之问题与对策[J]. 乡村旅游研究，2：39－60.

刘静艳，王郝，陈荣庆. 2009. 生态住宿体验和个人涉入度对游客环保行为意向的影响研究[J]. 旅游学刊，8：82－88.

刘力，吴慧. 2010. 旅游动机及其对游客满意和游后行为意向的影响研究——以九华山韩国团体旅游者为例[J]. 旅游论坛，2：147－152.

刘新燕，刘雁妮，杨智，等. 2003. 构建新型顾客满意度指数模型——基于 SCSB、ACSI、ECSI 的分析[J]. 南开管理评论，6：52－56.

龙肖毅. 2009. 大理古城民居客栈中外游客满意度的人口特征差异的对比研究[J]. 大理学院学报，3：25－28.

卢韶婧，张捷，张宏磊，等. 2011. 旅游地映象、游客满意度及行为意向关系研究——以桂林七星公园为例[J]. 人文地理，4：121－127.

陆允怡，陈箴. 2007. 民宿产业运用网路行销策略之研究[J]，景文学报，2：69－86.

吕佳茹, 李曈淳, 洪婷匀. 2012. 消费者之民宿代写文态度对信任与行为意图之影响[J].乡村旅游研究, 2: 31-42.

旅游区 (点) 质量等级的划分与评定[S]. (GB/T17775—2003).

梅国忠, 朱宗纬, 谢尧宏, 等. 2012. 运用多层次分析探讨影响民宿顾客满意度与再宿之因素[J]. 乡村旅游研究, 1: 29-44.

梅虎, 朱金福, 汪侠. 2005. 基于灰色关联分析的旅游景区顾客满意度测评研究[J].旅游科学, 5: 27-32.

孟武斌. 2015. 体育创新求突破 "定制赛事" 上演压轴戏, 5000 多人平乐古镇跑 "微马" [N]. 成都晚报, 2015-12-18 第 12 版.

欧圣荣, 林奕君, 柯嘉钧. 2008. 民宿关系品质模式之研究[J]. 户外游憩研究, 2: 43-65.

潘颖颖. 2013. 浙江民宿发展面临的困难及解析——基于西塘的民宿旅游[J].生产力研究, 3: 132-135.

沈阿强, 季婷, 娄健. 2007. 基于 PLS-SEM 模型的电信客户忠诚度研究[J].北京邮电大学学报 (社会科学版), 4: 45-50.

沈进成, 伯文. 2004. 游客意象及忠诚度影响关系研究——以奋起湖地区为例[J].游管理研究, 2: 195-213.

施君翰, 林致远, 陈羿文, 等. 2013. 台湾民宿发展与观光资源之关联[J]. 观光与休闲管理期刊, 1: 124-136.

石进芳, 沈志豪. 2004. 民宿申请困境分析与解决对策探讨[J].农业经营管理会讯, (38): 16-24.

史春云, 刘泽华. 2009. 基于单纯感知模型的游客满意度研究[J].旅游学刊, 4: 51-55.

史春云, 孙勇, 张宏磊, 等. 2014. 基于结构方程模型的自驾游客满意度研究[J].地理研究, 33 (4): 751-761.

四川省邛崃市平乐镇志编撰委员会. 2011. 平乐镇志[M].成都: 四川人民出版社.

汪侠, 刘泽华, 张洪. 2010. 游客满意度研究综述与展望[J].北京第二外国语学院学报, 1: 22-29.

王朝辉, 陆林, 夏巧云. 2011. 基于 SEM 的重大事件国内游客感知价值及行为意向关系研究——2010 上海世博会为例[J].地理研究, 4: 735-746.

王娟. 2009. 基于旅游者视角的古镇旅游形象策划研究——以平乐为例[D].成都: 四川师范大学.

王美慧, 陈瑞龙, 叶陈锦. 2006. 民宿旅客之消费行为探讨——以花莲地区为例[J].户外游憩研究, 4: 1-30.

王群, 丁祖荣, 章锦河, 等. 2005. 旅游环境游客满意度的指数测评模型——以黄山风景区为例[J].地理研究, 5: 27-32.

王婉飞, 刘柯. 2009. 中国乡村民宿发展及对策[J].乡村旅游研究, 2: 1-7.

王显成. 2009. 我国乡村旅游中民宿发展状况与对策研究[J].乐山师范学院学报, 24 (6): 69-

72.

王月莺. 2008. 影响民宿经营者与消费者接受绿色民宿概念之因素[D]. 高雄：中山大学.

吴必虎. 2001. 大城市环城游憩带（ReBAM）研究——以上海市为例[J]. 4：354－359.

吴碧玉. 2003. 民宿经营成功关键因素之研究[D]. 台中：朝阳科技大学.

吴菊. 2009. 游客选择民宿关键之因素探讨[J]. 岛屿观光研究，3：28－45.

谢桂敏，赵湘湘. 2010. 大陆与日本赴台游客行为意向的对比分析[J]. 旅游论坛，4：473－480.

谢礼珊，韩小芸，顾赟. 2007. 服务公平性、服务质量、组织形象对游客行为意向的影响——基于博物馆服务的实证研究[J]. 旅游学刊，12：51－58.

谢礼珊，李健仪. 2007. 导游服务质量、游客信任感与游客行为意向关系研究[J]. 旅游科学，4：43－49.

谢彦君，吴凯. 2000. 期望与感受：旅游体验质量的交互模型[J]. 旅游科学，2：1－4.

徐茂练，纪慧如，吴宜芳，等. 2011. 真实体验与生活品质关联性之研究——以民宿休闲为例[J]. 健康管理学刊，1：99－118.

徐韵淑，黄韶颜. 2004. 民宿游客市场区隔分析之研究[J]. 餐旅暨家政学刊，1：67－86.

许秉翔，潘名芳. 2009. 民宿主人的经营动机如何影响主客关系？——以台湾民宿协会会员为对象[J]. 乡村旅游研究，1：53－70.

严如钰. 2002. 民宿用户消费型态之研究[D]. 新北：辅仁大学.

杨前，罗仁玉. 2010. 提升平乐古镇旅游服务质量调研报告[J]. 成都纺织高等专科学校学报，2：17－21.

杨青娟. 2008. 旅游景观规划设计中构建无障碍环境的探讨——以平乐古镇为例[J]. 西南交通大学学报（社会科学版），1：132－136.

杨文广，李素箱，邓乃镛，等. 2008. 民宿管理办法修正草案适用性之探讨——以民宿经营者之观点立论[J]. 朝阳学报，13：271－309.

杨永盛. 2002. 游客对宜蘭地区民宿评价之研究[D]. 台北：世新大学.

易观智库. 2014. 中国在线客栈民宿预订市场专题研究报告[EB/OL]. 百度文库.

游志青，胡哲生，叶春雅. 2010. 结合外部资源与经营能力的差异化策略设计－民宿产业[J]. 企业管理学报，9：115－144.

于健，魏棋. 2013. 影响民宿订价特征因素之研究——以宜兰县为例[J]. 管理信息计算，1：176－186.

约瑟夫·熊彼特. 2014 经济发展理论[M]. 何畏，易家详，等译. 北京：商务印书馆.

曾磊，段艳丽，汪永萍. 2009. 台湾民宿产业对大陆乡村旅游发展的启示[J]. 河北农业大学学报，4：507－510.

曾喜鹏. 2008. 打造民宿多元通路：从整合到品牌[J]. 台湾民宿季刊，2008，2：5－10.

曾喜鹏，杨明青. 2010. 民宿旅游地意象量表与旅游地品牌之建构[J]，观光休闲学，3：211－233.

张春琳. 2012. 乡村旅游游客满意度及再次游览意向影响因素研究——来自贵州省西江千户苗寨

的经验证据[J].农业经济问题, 24 (6): 69—72.

张宏梅, 陆林. 2010. 游客涉入及其与旅游动机和游客满意度的结构关系——以桂林、阳朔入境旅游者为例[J].预测, 29 (2): 64—69.

张建. 2008. 论古镇旅游流引导规划的路径——以成都市平乐古镇为例[J].旅游论坛, 1: 49—53.

张涛. 2012. 饮食旅游动机对游客满意度和行为意向的影响研究[J].旅游学刊, 10: 78—84.

张怡然. 2012. 平乐景区旅游资源保护与开发规划研究[D].成都: 四川农业大学.

掌庆琳, 张举成, 高秋英. 2009. 原住民部落民宿概况——以屏东县雾台村为例[J].永续发展与管理策略, 1: 25—31.

郑建雄. 2001. 民宿经营之道[J].农业经营管理会讯, 27: 6—9.

郑诗华. 1992. 农村民宿之经营及管理[J].户外游憩研究, 5: 13—24.

中国互联网络信息中心. 2015. 第 36 次《中国互联网络发展状况统计报告》[EB/OL] 2015—07—23.

中华人民共和国国家标准标志用公共信息图形符号[S]. (GB/T10001. 1—2000&GB/T10001. 2—2002).

周磊, 刘强, 戴昌礼, 等. 2009. 平乐古镇旅游信息系统设计与实现[J].地理空间信息, 4: 79—81.

周琼, 曾玉荣. 2013. 台湾民宿发展及其启示[J].中国乡镇企业, 9: 64—68.

周艳. 2012. 探讨中国内地原生民宿存在的问题及解决方法[J].华章, 29 (66): 68.

周有军, 黄耀志, 李秀, 等. 2010. 保护古镇中的触媒持续引导旅游发展——探讨四川平乐历史文化古镇保护和发展的方法[J].小城镇建设, 5: 100—104.

邹开敏. 2008. 民宿: 休闲度假旅游的一种探索——以江苏周庄为例[J].乡镇经济, 24 (8): 89—92.

Akama J S, Kieti D M. 2003. Measuring tourist satisfaction with Kenya's wildlife safari: a case study of Tsavo West National Park[J]. Tourism Management, 24 (1): 73—81.

Alastair M M, Philip L P, Gianna M, et al. 1996. Special accommodation: definition, markets served, and roles intourism development[J]. Journal of Travel Research, (Summer), 18—25.

Altunel M C, Erkut B. 2015. Cultural tourism in Istanbul: The mediation effect of tourist experience and satisfaction on the relationship between involvement and recommendation intention[J]. Journal of Destination Marketing & Management, 4 (4): 188—192.

Baker D A, Crompton J L. 2000. Quality, satisfaction and behavioral intentions[J]. Annals of Tourism Research, 27 (3): 785—804.

Bosque I R D, Martín H S. 2008. Tourist satisfaction: a cognitive—affective model[J]. Annals of Tourism Research, 35 (2): 551—573.

Chen J L. 2015. The Impact of Bed and Breakfast Atmosphere, Customer Experience, and Customer Value on Customer Voluntary Performance: A Survey in Taiwan[J]. Asia Pacic Journal of Tourism

Research, 20 (5): 541—562.

Chen L C, Lin S P, Kuo C M. 2013. Rural tourism: Marketing strategies for the bed and breakfast industry in Taiwan[J]. International Journal of Hospitality Management, 32 (1): 278—286.

Choo H, Petrick J F. 2014. Social interactions and intentions to revisit for agritourism service encounters[J]. Tourism Management, 40 (1): 372—381.

Cronin J J, Taylor S A. 1992. Measuring service quality: a reexamination and extension [J]. Journal of Marketing, 56: 55—68.

Cronin Jr J J, Taylor S A. 1994. SERVPERF versus SERVQUAL: reconciling performance—based and perceptions—minus—expectations measurement of service quality[J]. The Journal of Marketing, 125—131.

Eid R, El—Gohary H. 2014. The role of Islamic religiosity on the relationship between perceived value and tourist satisfaction[J]. Tourism Management, 46 (2): 477—488.

Fishbein M, Manrfedo M J. 1996. A theory of behavior change in influencing human behavior: theory and application in recreation tourism and nature resources management[M]. Fourth Edition Mcgraw—Hill Book Co, 117.

Fleischer A, Pizam A. 1997. Rural tourism in Israel[J]. Tourism Management, 18 (6): 367—372.

González M E A, Comesaa L R, Brea J A F. 2007. Assessing tourist behavioral intentions through perceived service quality and customer satisfaction[J]. Journal of Business research, 60 (2): 153—160.

Gyimóthy S. 2000. Visitors' perceptions of holiday experiences and service providers: an exploratory study[J]. Journal of Travel & Tourism Marketing, 8 (2): 57—74.

Halstead D, Hartman D, Schmi dt L S. 1994. Multi source effects on the satisfaction formation process[J]. Journal of the Academy of Marketing Science, 22: 114—129.

Hosany S, Prayag G. 2013. Patterns of tourists' emotional responses, satisfaction, and intention to recommend[J]. Journal of Business Research, 66 (6): 730—737.

Hsieh Y C, Lin Y H. 2010. Bed and Breakfast operators' work and personal life balance: A cross—cultural comparison[J]. International Journal of Hospitality Management, 29 (4): 576—581.

Jones D L, Jing Guan J. Bed and breakfast lodging development in Mainland China: who is the potential customer [J]. Asia Pacific Journal of Tourism Research, 2011, 16 (5): 517—536.

Kozak B M. 2001. Comparative assessment of tourist satisfaction with destinations across two nationalities[J]. Tourism Management, 22: 391—401.

Kozak M, Rimmington M. 2000. Tourist satisfaction with Mallorca, Spain, as an off—season holiday destination[J]. Journal of Travel Research, 38 (3): 260—269.

Liljander V, Strandvik T. 1997. Emotions in service satisfaction. In—ternational Journal of Service Industry Management[J]. Modern Marketing, 8 (2): 148—169.

Li Y, Miao L, Lehto X, et al. 2013. When family rooms become guest lounges: Work-family balance of B&B innkeepers[J]. International Journal of Hospitality Management, 34 (1): 138—149.

Llosa S, Chandon J L, Orsingher C. 1998. An empirical study of SERVQUAL's dimensionality [J]. Service Industries Journal, 18 (2): 16—44.

Nuntsu N, Tassiopoulos D, Haydam N. 2009. The bed and breakfast market of Buffalo City (BC), Paul Williams, Geoffrey N. Soutar. Value, satisfaction and behavioral intentions in an adventure tourism context[J]. Annals of Tourism Research, 3: 413—438.

Nuntsu N, Tassiopoulos D. 2002. Present status, constraints, and success factors of Small, Medium and Micro Enterprises (SMMEs) with specific reference to the Bed and Breakfast accommodation sector of Buffalo City (BC), Eastern Cape, South Africa[C] //International Council for Small Business 47th World Conference San Juan, Puerto Rico.

O' Leary J, Lee G. 1977. Importance—Performance analysis[J]. Journal of Marketing, 41 (1): 77—79.

Pizam A, Neumann Y, Reichel A. 1978. Dimensions of tourist satisfaction with a destination area [J]. Annals of Tourism Research, 5 (3): 314—322.

Prayag G, Hosany S, Odeh K. 2013. The role of tourists' emotional experiences and satisfaction in understanding behavioral intentions[J]. Journal of Destination Marketing & Management, 2 (2): 118—127.

Reiche A, Lowengart O, Milman A. 2000. Rural tourism in Israel: service quality and orientation [J]. Tourism Management, 21 (5): 451—459.

Sparks B. 2007. Planning a wine tourism vacation Factors that help to predict tourist behavioural intentions[J]. Tourism Management, 28 (5): 1180—1192.

Torres-Sovero C, González J A, Martín-López B, et al. 2012. Social - ecological factors influencing tourist satisfaction in three ecotourism lodges in the southeastern Peruvian Amazon[J]. Tourism Management, 33 (3): 545—552.

Tribe J, Snaith T. 1998. From SERVQUAL to HOLSAT: Holiday satisfaction in Varadero, Cuba[J]. Tourism Management, 19 (1): 25—34.

Yoon Y, Uysal M. 2005. An examination of the effects of motivation and satisfaction on destination loyalty: a structural model[J]. Tourism Management, 26 (1): 45—56.

Žabkar V, Brenčic MM, Dmitrović T. 2010. Modelling perceived quality, visitor satisfaction and behavioural intentions at the destination level[J]. Tourism Management, 31 (4): 537—546.